군무원 정보직 7급·9급 대비

김민곤 국가정보학
Special EX

정보직 군무원 국가정보학 기출문제
심화 및 핵심요약 과정

김민곤 저(국제정치학 박사)

이 책의 특징

- 2014~2024년 11년간 정보직 군무원 기출문제 망라(7급·9급)
- 기출문제 난이도 및 문제유형 완벽 적응의 필수요소
- 해박한 직무지식과 경험으로 풍부한 해설과 핵심원칙 강조
- 실전능력 배양으로 실전 필기시험에서 실수 최소화

도서출판 베스트에듀

머리말

본 '김민곤 국가정보학 Secial EX'는 '김민곤 국가정보학'의 저자(著者)가 직접 강의하면서 전국 최다 수강생들로부터 실제 시험을 치루고 여러 의견을 종합하여 완벽하게 복원해낸 국내 최고권위의 'Special 기출문제집'이다.
'김민곤 국가정보학'은 지난 수년간 정보직 군무원 도전자들에게 필독서로서 자리매김하였고 수많은 수강생들과 최다합격자들을 배출하였다.
이 교재를 통하여 학습한 정보직 군무원 도전자들이 2019년 이후 매년 전국에서 가장 많은 합격률을 나타내었고, 실제로 국방부·육군·해군·공군·해병대 정보직 군무원으로서 자랑스럽게 근무하고 있다. 아울러 2022년도에는 정보직 9급에서 전국 유일하게 100점 만점자 2명을 배출하였다.

본 'Special EX'는 저자가 군(軍)정보장교(육군대령 예편)로서 군 정보기관 및 정보직에서 군사정보 전문가로 31년간 근무하면서 직접 체득한 현장의 실무경험과 직무지식, 그리고 7년간 군무원 국가정보학 강의를 통한 현장 경험, 한국국가정보학회 부회장으로 학술적 활동을 통한 지식 등을 총 망라하여 풍부하게 해설하여 독자들이 충분히 이해하도록 배려하였다.

'김민곤 국가정보학 Special EX'는 다음과 같은 특징이 있다.
첫째, 2014년~2024년까지의 국가정보학 기출고사를 완벽하게 복원하였다.
둘째, 정보직 실무적 근무경험과 국가정보학회 부회장으로서의 전문적인 지식을 동원하여 독자들이 충분하게 이해하도록 배려하였다.
세째, 풍부한 해설과 참고사항을 포함시켜 독자들이 중요한 사항에 대하여 숙지하고 지식화하도록 하였다.

따라서 이러한 실제 기출문제를 통하여 독자들의 실전 능력을 축적하고 배양 할 수 있도록 돕고 있다. 본 기출문제집은 정보직 군무원에 도전하고자 하는 우수한 젊은 도전자들에게 최고의 자신감을 주는 것을 의심하지 않는다.
We go Togather !

2024년 12월
성결대학교 재림관 610호 연구실에서
김 민 곤(한국 국가정보학회 부회장, 국제정치학 박사)

차례 | CONTENTS

01 문제편

01	2014 국가정보학 9급 기출문제	12
02	2015 국가정보학 9급 기출문제	18
03	2016 국가정보학 9급 기출문제	25
04	2017 국가정보학 9급 기출문제	31
05	2018 국가정보학 9급 기출문제	38
06	2018 국가정보학 7급 기출문제	44
07	2019 국가정보학 7급(전반기) 기출문제	50
08	2019 국가정보학 7급(후반기) 기출문제	56
09	2019 국가정보학 9급(전반기) 기출문제	63
10	2019 국가정보학 9급(후반기) 기출문제	69
11	2020 국가정보학 7급 기출문제	75
12	2020 국가정보학 9급 기출문제	82
13	2021 국가정보학 7급 기출문제	89
14	2021 국가정보학 9급 기출문제	96
15	2022 국가정보학 7급 기출문제	103
16	2022 국가정보학 9급 기출문제	111
17	2023 국가정보학 7급 기출문제	118
18	2023 국가정보학 9급 기출문제	126
19	2024 국가정보학 7급 기출문제	133
20	2024 국가정보학 9급 기출문제	144

02 해설편

정답 및 해설	153

군무원 시험제도

■ 군무원이란?

군(軍) 부대에서 근무하는 국가공무원, 신분은 국가공무원법상 특정직 공무원으로 분류

- 국군조직법 제 16조
  - 국군에 군인 외에 군무원을 둔다.
  - 군 사무를 보는 만큼 군인 신분에 준하여 군형법의 적용(군형법 제1조 제3항 제1호), 군사재판을 받음(군사법원법 제2조 제1항 제1호)
- 군무원호칭 역사
  문관(文官) → 군속(軍屬, 1963. 5월 이후) → 군무원(軍務員, 5공화국 이후)

■ 군무원 선발업무 주관부서

구분	국방부	육군	해군	공군
선발대상	각 군 5급 이상 및 국직부대 전 계급	6급 이하	6급 이하	6급 이하
주관부서	국방부 군무원정책과	육군 인사사령부	해군 인사참모부	공군 인사참모부
연락처	02) 748-5105, 5106	042)550-7145	042)553-1284	042)552-1453

■ 군무원 시험방법

▶ 채용 절차

채용공고 ⇒ 원서접수 ⇒ 서류전형(경력경쟁채용) ⇒ 필기시험(1차) ⇒ 면접시험(2차) ⇒ 합격자발표 ⇒ 채용후보자 등록(신체검사) ⇒ 최종 임용

※ 채용공고: 신문(국방일보, 일간신문), 인터넷(국방부·각 군 군무원 채용관리 공지사항)

▶ 채용 시험 구분

시험 구분	시험 절차
공개경재채용시험	필기시험(1차) ⇒ 면접시험(2차)
경력경쟁채용시험	서류전형(1차) ⇒ 필기시험(2차) ⇒ 면접시험(3차)

※ 시험 시기: 연 1회(4월 공고, 7월 1차 시험, 8~9월 2차 면접, 10월 최종 발표)

▶ 시험 출제 수준

- 5급 이상: 정책의 기획 및 관리에 필요한 능력·지식을 검정할 수 있는 정도
- 6~7급: 전문적 업무수행 능력·지식을 검정할 수 있는 정도
- 8~9급: 업무수행에 필요한 기본적 능력·지식을 검정할 수 있는 정도

시험 방법

- **서류전형**: 경력경쟁채용시험 응시자에 한함.
  응시자의 제출서류를 기준으로 응시요건 해당여부를 심사
- **필기시험**: 공개경쟁채용시험 응시자 및 경력경쟁채용시험 응시자
  * 경력경쟁채용시험 지원자는 서류전형 합격자에 한해 응시기회 부여
  - 문제형식 및 문항 수: 객관식 선택형, 과목당 25문항
  - 시험시간: 과목당 25분
  - 합격자 선발: 선발예정인원의 1.5배수(150%) 범위 내(단, 선발예정인원이 3명 이하인 경우, 선발예정인원에 2명을 합한 인원의 범위)
    * 합격기준에 해당하는 동점자 발생 시 모두 합격 처리함.
- **면접시험**: 필기시험 합격자에 한해 응시기회 부여
  - 평가요소: ① 군무원으로서의 정신자세 ② 전문지식과 그 응용능력
             ③ 의사표현의 정확성·논리성 ④ 창의력·의지력·발전가능성
             ⑤ 예의·품행·준법성·도덕성 및 성실성
  - 국직부대의 7급 공개경쟁채용시험 응시자는 면접시 개인발표 후 개별면접 순으로 진행
- **합격자 결정**: 필기시험 점수(50%)와 면접시험 점수(50%)를 합산하여 높은 점수를 받는 사람 순으로 최종합격자 결정
- ※ 최종합격: 이후 '신원조사'와 '공무원채용신체검사'에서 모두 '적격' 판정을 받은 사람을 최종합격자로 확정

정보직 군무원의 종류

일반 군무원: 군사정보, 기술정보 등 2개 직렬

정보직 군무원 시험과목

군무원 임용시험 과목
『군무원인사법 시행규칙』 제15조 관련〈개정 2010.8.17.〉 2012.1.1일부터 시행

공개경쟁채용 시험과목 (영어는 영어능력시험, 국사는 한국사검정능력시험으로 대체)

- **군사정보**
  - 5급: 국어, 국가정보학, 정보사회론, 정치학, 심리학
  - 7급: 국어, 국가정보학, 정보사회론, 심리학
  - 9급: 국어, 국가정보학, 정보사회론

- **기술정보**
  - 5급: 국어, 국가정보학, 정보사회론, 정보체계론, 암호학
  - 7급: 국어, 국가정보학, 정보사회론, 암호학
  - 9급: 국어, 국가정보학, 정보사회론

군무원 시험제도

■ 군무원 채용시험 응시연령

- 7급 이상: 20세 이상
- 8급 이하: 18세 이상

■ 군무원 직급체계 *군무원 인사법 제3조

- 1급(군무 관리관), 2급(군무 이사관), 3급(군무 부이사관), 4급(군무 서기관), 5급(군무 사무관)
- 6급(군무 주사), 7급(군무 주사보), 8급(군무 서기), 9급(군무 서기보)

■ 군인과 직급비교 *군무원인사법 시행령 제4조

- 1급으로 5년 이상 군무원 = 소장 대우
- 그 이외의 1급 군무원 = 준장 대우
- 2급 군무원 = 대령 대우
- 3급 군무원 = 중령 대우
- 4급 군무원 = 소령 대우
- 5급으로 4년 이상 군무원 = 대위 대우
- 5급으로 1년 이상 군무원 = 소위·중위 대우
- 6급 군무원 = 준위 대우
- 7급·기능7급으로 6년 이상 군무원 = 원사 대우
- 7급·기능7급으로 6년 이하 군무원 = 상사 대우
- 8급·기능8급 군무원 = 중사 대우
- 9급·기능9급 군무원 = 하사 대우
    ※ 9급에서 1급까지 최고 계급까지 신급가능(부사관은 준위까지만 진급가능)

■ 군무원 복장

- 평시: 사복 착용
- 훈련시·비상시: 민방위복(상의) 착용
    ☞ 총기 미지급, 방독면 지급

■ 군무원 근무시간 및 출퇴근

- 근무시간
    - 일반군부대: 08:00~17:00시
    - 국방부·합참·국직부대: 08:30~17:30
- 출·퇴근시 자가차량 이용여부
    - 국방부·합참: 자가차량 이용제한(주차공간 부족, 출퇴근버스·대중교통이용)

김민곤 국가정보학

정보직(군사・기술정보)군무원 편

- 각 군(육・해・공군, 해병대)본부: 자가 차량 이용제한(주차 공간 제한, 출퇴근버스・대중교통이용)
- 기타 국직부대 및 육・해・공군 모든 부대: 자가차량 이용가능

군무원 임용후 직무교육

- 해당부대 임용 전 합격자 전원: 국직부대, 각 군별로 통합 직무교육(약 1주)
- 국직부대는 각 사령부별로 별도의 직무교육 실시(1개월~6개월)
- 각 군별(육군・해군・공군・해병대) 사단급단위 제대에서 직무교육 실시

군무원 임용후 업무요령

- 부대별 업무규정, 매뉴얼, 참고자료 등 숙독
- 직무수행 간 선・후배, 동료들에게 문의(1년차는 질문해도 전혀 문제되지 않음)
- 1일 업무내용, 주간월무 내용, 월간 업무내용을 정확하게 정리하여 실행(누락방지)
- 업무수행간 수시로 상급자에게 중간보고를 통해 바른 지침으로 업무수행

정보직 군무원 근무부대 및 업무 영역

- 국방정보본부(서울 용산): 군사정보, 공채・경채
  전략 및 군사정보 종합 및 분석, 국방부 및 합참지원, 전군 지원
- 국군정보사령부(수도권, 지방): 군사정보, 공채・경채
  - 인간정보: 국내, 해외(○○개국 파견, 백색요원, 흑색요원, 우방국 정보기관) 첩보수집 ☞○○팀으로 명명
  - 공개정보: 전세계 8개어권 방송・뉴스, 인터넷, 군사서적 등 통해 첩보수집
  - 영상정보: 첩보수집(○○정찰기, 글로벌호크), 영상판독・분석
  - 대정보: 사단-군단급에 파견, 대 정보 지원(○○팀 단위 임무수행)
  - 정보지원: 국방부(합참), 지작사・해작사・공작사, 한미연합사 파견부대(소수인원)
  - 기술정보: 북한 육군・해군・공군 장비 수집, 기술적 분석 및 연구
  - 북한 연구: 북한군 교리, 전술, 제도 등 연구(전군 전파 및 보급)
- 국군777사령부(수도권, 지방): 기술정보, 공채・경채
  - 신호정보수집: 지상기지(○○, 전국), 정찰기(○○정찰기)
  - 신호정보 해석・분석: 전문 기술요원 해석 및 분석
  - 정보지원: 국방부(합참), 지작사・해작사・공작사, 한미연합사, 군단・사단급 파견부대(소수인원)
- 국군방첩사령부(수도권, 지방): 군사정보, 기술정보(소수), 공채・경채
  - 방첩수사: 군내 간첩 수사
  - 방산보안: 방위사업체 방산기술 보안업무(소수인원)
  - 보안업무: 국방부(합참), 육군・해군・공군・해병대사(여)단급 파견부대(다수인원)
- 국군사이버작전사령부(수도권): 군사정보, 기술정보(소수), 공채・경채
  - 정보수집: 사이버전관련 정보수집(북한, ○○)
  - 수집정보 종합・분석(정보사, 777사, 국정원 수집자료)

- 사이버공격 차단·방어작전 지원
○ 육군(전국): 군사정보, 공채·경채
  - 지작사(정보참모부, 지상정보단): 정보계획, 첩보수집, 정보분석, 대침투정보, 항공사진 판독, 보안업무
  - 군단(정보참모부, 정보대대): 정보계획, 첩보수집, 정보분석, 대침투정보, 항공사진 판독, 보안업무
  - 사단(정보참모부, 정보대대): 정보계획, 첩보수집, 정보분석, 대침투정보, 항공사진 판독, 보안업무
  - 여단(정보과): 정보계획, 대침투정보, 보안업무
○ 해군(동해, 서해, 남해): 군사정보, 공채·경채
  - 작전사령부(정보참모부, 해양정보단): 정보계획, 첩보수집, 정보분석, 보안업무
  - 함대사령부(정보참모부): 정보계획, 보안업무
  - 인방사, 상륙전단, 기동전단, 전투훈련단, 특수전 전단(정보과): 정보계획, 보안업무
○ 공군(수도권, 전국): 군사정보, 공채·경채
  - 작전사령부(정보참모부, 항공정보단): 정보계획, 첩보수집(글로벌호크), 정보분석, 영상판독, 보안업무
  - 전투비행여단(정보처): 정보계획, 보안업무
○ 해병대(수도권, 동해, 서해, 백령도): 군사정보, 공채·경채
  - 해병대사령부(정보참모부): 정보계획, 정보분석, 대침투정보, 보안업무
  - 사단(정보참모부): 정보계획, 첩보수집(백령도, 연평도 지상기지), 정보분석, 보안업무

01 편

김민곤
국가정보학
Special EX

2014년~2024년 7급·9급 군무원 국가정보학

문제편 [500문항]

| 01 | 2014 국가정보학 9급 기출문제

01. 다음 중 국가정보기관의 존재 이유와 관련성이 없는 것은?
  ① 재난정보전파
  ② 국민경제진흥
  ③ 인터넷보안강화
  ④ 정권안보강화

02. 다음 중 국가부문정보기관에서 처리하는 임무는?
  ① 기타정보요구(OIR)
  ② 특별첩보요구(SRI)
  ③ 국가정보목표우선순위(PNIO)
  ④ 첩보기본요소(EEI)

03. 다음 중 징후계측정보(MASINT)에 대한 설명으로 가장 올바른 것은?
  ① 레이더의 신호를 수집해 분석한 정보를 말한다.
  ② 미사일을 발사 후 미사일에서 발신하는 전파를 수집·분석해 획득한 정보를 말한다.
  ③ 적의 통신내용을 수집해 분석한 정보를 말한다.
  ④ 적외선 등을 이용해 적의 미사일 발사, 핵실험 등에 관해 획득한 정보를 말한다.

04. 다음 첩보원에 대한 설명 중 가장 부적절한 것은?
  ① 공작원(agent)은 정보관(officer)의 정보활동을 보좌한다.
  ② 공작원(agent)은 협조자와 달리 실경비 이외 추가경비는 요구하지 않는다.
  ③ 공작원(agent)은 정보기관에 정식으로 고용된 정규직원이 아니다.
  ④ 공작원(agent)은 협조자와는 달리 계약을 기반으로 활동을 수행한다.

05. 다음 중 정보분석기법에 대한 설명으로 올바르지 <u>않은</u> 것은?
　① 정보분석은 현안분석에 치중하는 경우가 많다.
　② 정보분석관은 미래의 일을 포함해 예측판단을 해야 한다.
　③ 과거사례를 바탕으로 판단을 해야 한다.
　④ 정보분석은 첩보의 부족문제를 해결할 수 있는 방안이다.

06. 다음 중 정보분석의 특징을 설명하는 용어로 가장 부적절한 것은?
　① 명료성　　　　　　　　② 정확성
　③ 적합성　　　　　　　　④ 적시성

07. 다음 정보분석 기법 중 종류가 다른 하나는 무엇인가?
　① 의사결정나무기법　　　② 브레인스토밍
　③ 인과고리기법　　　　　④ 경쟁가설기법

08. 다음 중 실증적 이론의 분석기법에 포함되지 <u>않는</u> 것은?
　① 인과고리기법　　　　　② 의사결정나무기법
　③ 사례연구　　　　　　　④ 델파이기법

09. 다음 중 한국의 비밀등급에 대한 설명으로 가장 올바른 것은?
　① Ⅰ급 비밀은 국가안전보장에 절대적으로 필요한 정보다.
　② Ⅱ급 비밀은 누설될 경우 국가안보에 막대한 지장을 초래한다.
　③ Ⅲ급 비밀은 누설될 경우 타국과 전쟁을 유발할 수 있다.
　④ 대외비는 비밀에 포함되지 않기 때문에 비밀과는 달리 관리해야 한다.

10. 다음 중 비밀공작에 대한 설명으로 올바른 것은?

① 국제적으로 합법적이냐 비합법적이냐에 대한 논쟁이 지속되고 있다.
② 다른 외교수단과 비교해 비용이 상대적으로 저렴한 편이다.
③ UN도 비밀공작의 불가피성에 대해 인정하고 있다.
④ 비밀공작을 성공적으로 수행하기 위해서는 수행국가의 지속적인 지원이 필요하다.

11. 다음 준군사공작에 포함되지 <u>않는</u> 것은?

① 무인기로 테러단체를 공격
② 적군의 사기를 저하시키기 위해 삐라 살포
③ 적에게 잡힌 인질을 구출
④ 적군의 지도자를 암살

12. 미국 정보기관이 베트남전쟁 기간 중 벌인 손타이작전, 독수리발톱작전은 다음 비밀공작 중 어디에 해당되는가?

① 정치공작　　　　　　　　　② 특수군사활동
③ 준군사공작　　　　　　　　④ 전복공작

13. 다음 표 내에서 설명한 시설보안의 개념과 용어가 올바르게 연결된 것은?

> ㉠ 비밀을 보호하기 위해 비인가자의 출입을 감시할 필요가 있는 지역
> ㉡ 비밀에 비인가자의 접근을 방지하기 위해 출입안내가 필요한 지역

① ㉠ 제한지역, ㉡ 제한구역　　② ㉠ 제한지역, ㉡ 통제구역
③ ㉠ 제한구역, ㉡ 통제구역　　④ ㉠ 통제구역, ㉡ 제한지역

14. 다음 중 인원보안에 포함되지 않는 것은?
① 동향파악　　　　　　　② 신원조사
③ 보안교육　　　　　　　④ 비밀취급인가

15. 다음 중 능동적 방첩에 대한 설명으로 가장 올바른 것은?
① 역용공작은 적의 첩자에게 잘못된 정보를 유출하는 것을 말한다.
② 기만공작은 적의 첩자를 체포해 재고용하는 것을 말한다.
③ 정보활동은 방첩, 비밀공작을 위해 필요한 정보를 수집하는 것도 포함된다.
④ 능동적 방첩에 보안활동도 포함된다.

16. 다음 중 2개 이상의 국가가 사이버상에서 대립하는 것을 무엇이라고 하는가?
① 해킹　　　　　　　　　② 네트워크전쟁
③ 사이버테러리즘　　　　④ 사이버전

17. 다음 한국의 사이버전 대응기관 중 소속기관과 부서명의 연결이 올바르지 않은 것은?
① 국정원 - 국가사이버안전센터
② 경찰청 - 사이버안전교육센터
③ 인터넷진흥원 - 인터넷침해대응센터
④ 국방부 - 사이버사령부

18. 다음 중 능동적 방첩에 대한 설명으로 가장 올바른 것은?
① 역용공작은 적의 첩자에게 잘못된 정보를 유출하는 것을 말한다.
② 기만공작은 적의 첩자를 체포해 재고용하는 것을 말한다.
③ 정보활동은 방첩, 비밀공작을 위해 필요한 정보를 수집하는 것도 포함된다.
④ 능동적 방첩에 보안활동도 포함된다.

19. 다음 중 정보전의 특징에 포함되지 않는 것은?
① 전문성 ② 은밀성
③ 저비용 ④ 효율성

20. 다음 중 한국의 국가정보기관이 취해야 할 자세로 가장 적절하지 않은 것은?
① 정치적 중립성을 확보해 정치적 영향력을 최소화해야 한다.
② 공개정보가 많아지고 방대해졌으므로 비밀활동을 강화해야 한다.
③ 기술정보수집 능력을 강화해 정보역량을 키워야 한다.
④ 정부부처, 민간기관과 업무분장을 통해 효율성을 높여야 한다.

21. 한국 정보기관 역사 중 군관련 방첩기관이 아닌 것은?
① 특무부대 ② 방첩대
③ 보안사령부 ④ 정보사령부

22. 다음 중 북한이 통일혁명당 사건을 일으킬 수 있는 결심을 하게 된 단초를 제공한 남한의 사건은?
① 4·19 학생운동 ② 5·16 군사쿠데타
③ 부마사태 ④ 광주민주화운동

23. 다음 중 1987년 대한항공(KAL)의 항공기 폭파를 자행한 북한의 정보기관은?
    ① 대외연락부
    ② 국가안전보위부
    ③ 정찰총국 작전국
    ④ 35호실

24. 북한의 정보기관 중 한국의 디도스(DDoS)대란, 농협해킹, 황장엽 암살을 주도한 기관은?
    ① 정찰총국
    ② 인민보안부
    ③ 보위사령부
    ④ 국가안전보위부

25. 다음 설명 중 북한의 정보기관인 35호실에 대한 설명으로 올바른 것은?
    ① 노동당 5과로 설립된 대외연락부는 전신이다.
    ② 노동당 조사부로 설립돼 1980년대 35호실로 개칭됐다.
    ③ 남북교류협력 등의 업무를 관장한다.
    ④ 일본에 거주하고 있는 재일조선인총연합회 활동을 지휘하고 있다.

| 02 | 2015 국가정보학 9급 기출문제

01. 다음 중 국가정보학의 연구에 대한 설명으로 올바르지 <u>않은</u> 것은?
① 권위주의 국가는 학자들이 국가정보학을 연구하는 것을 통제했다.
② 지식인들은 국가정보학에 대해 부정적으로 인식해 연구하는 것을 꺼렸다.
③ 국가정보학을 학문화하기 어려웠던 것은 고도의 지식이 요구되기 때문이다.
④ 대부분의 국가에서는 관련 자료가 부실해 구체적인 연구활동을 시작하기 어려웠다.

02. 다음 중 국가정보에 대한 설명으로 올바르지 <u>않은</u> 것은?
① 국가정보는 국가정보기관만이 생산할 수 있다.
② 국가정보는 정치, 경제, 군사, 사회 등의 영역을 망라한다.
③ 정보화사회가 진전되면서 사이버정보 수집의 필요성이 커지고 있다.
④ 최근에는 정치 및 군사정보보다 경제 및 과학기술에 대한 수요가 높은 편이다.

03. 다음 중 전략정보에 대한 설명으로 올바르지 <u>않은</u> 것은?
① 전략정보는 국가안보에 밀접한 연관을 갖고 있는 포괄적인 정보를 말한다.
② 국가부문정보기관이 임무를 수행함에 있어 기본이 되는 정보가 전략정보다.
③ 군사작전 지역 내에서 수행하는 작전계획도 전략정보다.
④ 적군과 전투를 준비하기 위해 필요한 군사력도 전략정보라고 볼 수 있다.

04. 다음 중 정보생산자에 대한 설명으로 올바르지 않은 것은?
   ① 정보생산자는 정보를 생산하는 정보기관을 지칭하는 말이다.
   ② 정보기관은 일반적으로 보수적 성향을 가진다.
   ③ 정보생산자는 소비자를 만족시키기 위해 협력하는 경향이 있다.
   ④ 정보소비자가 원하는 시점에 정보를 생산해 제공하는 것은 매우 어렵다.

05. 다음 중 정보순환단계에 대한 설명으로 올바르지 않은 것은?
   ① 정보소비자의 요구를 반영해 정보를 기획하는 것이 가장 중요하다.
   ② 정보의 요구는 최고 정책결정권자와 내부의 필요성만으로 구성된다.
   ③ 수집된 첩보를 평가하는 것은 연관성, 시급성 등을 적용하는 것이다.
   ④ 정보분석은 종합적인 판단을 기반으로 하여 정보보고서를 작성하기 위해 수행한다.

06. 다음 용어 중 기술정보와 관련이 가장 적은 것은?
   ① 드보크(devoke)
   ② U-2, SR-71
   ③ 코로나(Corona)
   ④ 에셜론(Echelon)

07. 다음 중 기술정보 수집방법에 대한 설명으로 올바르지 않은 것은?
   ① 타국의 무선통신이 국경을 넘어오면 수집안테나를 활용해 수집해 분석한다.
   ② 영상정보를 수집하기 위해서 고고도 정찰기나 영상위성을 활용한다.
   ③ 적국이 기만통신이나 위장물 등을 활용할 경우 파악이 어렵다.
   ④ 정보기관의 네트워크 담당자가 인터넷으로 공개정보를 수집한다.

08. 다음 중 비밀공작원을 포섭하기 위한 가장 이상적인 방법은?
① 애국심, 종교 등의 방법으로 설득한다.
② 인간은 돈에 대한 욕심이 강하므로 돈으로 매수한다.
③ 인간은 누구나 약점이 있으므로 약점을 이용해 협박해 포섭한다.
④ 공작원을 동원해 납치한 후 전향교육을 시킨다.

09. 다음 중 질적분석 기법에 포함되지 않는 것은?
① 핵심판단기법　　　　　　　② 경쟁가설기법
③ 역할연기기법　　　　　　　④ 의사결정나무기법

10. 다음 중 정보분석 기법에 대한 설명으로 올바르지 않은 것은?
① 행렬분석은 선택할 수 있는 여러 가지 대안이 있을 때 우선순위를 부여할 수 있도록 점수를 매겨 비교하는 방법이다.
② 시뮬레이션기법은 특정사건의 연관성을 분석하기 위해 다양한 대안을 찾아서 적용한다.
③ 델파이기법은 여러 전문가의 의견을 모아서 배분하고 다시 의견을 모으는 방법이다.
④ 의사결정나무기법은 여러 가지 대안을 나뭇가지 형태로 분류한 후 확률을 계산해 분석한다.

11. 다음 중 정보기관이 정보를 분석하면서 역사분석을 중시하는 국가는?
① 미국　　　　　　　　　　　② 캐나다
③ 독일　　　　　　　　　　　④ 영국

12. 미국 정보기관은 정보분석 능력을 향상시키기 위해 다양한 노력을 기울이고 있다. 다음 중 그러한 노력에 대한 설명으로 올바르지 <u>않은</u> 것은?

    ① 정보조정관 제도를 운영해 중요한 정보목표에 대해 각 정보기관 간 조율을 담당하도록 하고 있다.
    ② 집단사고를 방지하기 위해 레드팀(red-team)을 운영해 반대의견을 제시하도록 한다.
    ③ 내부 직원을 A팀과 B팀으로 나눠 분석하도록 했지만 결과는 비슷했다.
    ④ 비밀업무가 아닌 경우 외부전문기관에 아웃소싱해 분석의 질을 높이고 있다.

13. 다음 중 비밀을 관리하는 방법에 대한 설명으로 올바르지 <u>않은</u> 것은?

    ① 정보소비자의 요구에 적합한 보고서를 사전계획에 따라 생산한다.
    ② 비밀은 취급인가를 받은 사람만 취급해야 한다.
    ③ 비밀을 생산할 때 급작스러운 수요 등 만약의 상황을 대비해 여러 부 생산한다.
    ④ 정보소비자가 누구인가에 따라 비밀의 내용을 달리해야 한다.

14. 다음 중 정보분석보고서 작성의 요건에 포함되지 <u>않는</u> 것은?

    ① 적시성   ② 적합성
    ③ 명료성   ④ 객관성

15. 다음 중 비밀의 수발기술과 관련된 용어에 포함되지 <u>않는</u> 것은?

    ① 데드드랍(dead drop)
    ② 브러시패스(brush pass)
    ③ 그레이메일(grey mail)
    ④ 레터박스(letter box)

16. 다음 중 FBI직원으로 러시아를 위해 간첩행위를 하다가 체포된 인물은 누구인가?

① 리차드 조르게　　　　② 해롤드 필비
③ 로버트 한센　　　　　④ 알드리치 에임즈

17. 다음 중 능동적 방첩활동에 포함되지 <u>않는</u> 것은?

① 역용공작　　　　　　② 정보통신보안
③ 기만공작　　　　　　④ 방첩정보수집

18. 다음 국가보안법에 대한 설명 중 괄호 안에 들어가는 기간이 올바르게 연결된 것은?

> 반국가단체를 구성하거나 간부 기타 지도적 위치에서 역할을 한 자는 사형·무기 또는 (　) 이상의 징역에 처한다. 반국가 단체의 구성을 예비 또는 음모한 자는 (　) 이하의 징역에 처한다.

① 10년 - 5년　　　　　② 10년 - 7년
③ 5년 - 7년　　　　　　④ 5년 - 10년

19. 미군은 중동과 중앙아시아 지역에서 테러와의 전쟁을 수행하면서 무인항공기(UAV)를 사용하고 있다. 다음 중 무인항공기에 대한 설명으로 올바르지 <u>않은</u> 것은?

① 직접 교전을 하지 않기 때문에 미군의 피해가 최소화되고 있다.
② 민간인의 피해를 막기 위해 무인항공기를 활용하는 것이다.
③ 무인항공기는 정찰, 공격 등 다양한 용도로 활용이 가능하다.
④ 무인항공기는 비용이 저렴하고 휴대가 간편하다는 장점이 있다.

20. 다음 중 사이버 정보전쟁의 공격기법에 포함되는 것은?
   ① 정보 격차
   ② 정보의 과다이용
   ③ 사이버 불링
   ④ 정보접근의 거부

21. 다음 중 한국 합동참모본부의 인포콘(INFOCON)에 대한 설명으로 올바르지 않은 것은?
   ① 합동참모본부는 2001년 사이버 테러에 대응하기 위해 인포콘을 운영하고 있다.
   ② 인포콘은 5단계로 구성돼 있으며 1단계가 가장 높은 전면적인 공격에 해당한다.
   ③ 2016년 초부터 북한의 핵실험 등이 재개되면서 인포콘이 지속적으로 격상되고 있다.
   ④ 한국 군대에 대한 공격이 아니면 합참의 인포콘이 격상되지 않는다.

22. 다음 중 한국의 도입할 예정인 무인정찰기는?
   ① 스카우트(SCOUT)
   ② U - 2R
   ③ 글로벌 호크(Global Hawk)
   ④ SR - 71

23. 다음 중 북한의 정보기관인 35호실에 대한 설명으로 올바르지 않은 것은?
   ① 해외정보를 수집해 남한에 대한 공작계획을 수립하도록 지원한다.
   ② 1983년 미얀마 아웅산 국립묘지 폭파사건을 주도했다.
   ③ 1987년 KAL 858기 폭파해 한국의 대통령 선거에 혼란을 초래했다.
   ④ 10년간 국내에서 간첩활동을 하다가 1996년 체포된 무하마드 깐수도 35호실 소속이다.

24. 다음 중 북한의 정보기관 활동에 대한 설명으로 올바르지 <u>않은</u> 것은?

① 국가안전보위부가 천안함사건과 연평도 포격을 주도했다.
② 보위사령부는 군대 내에 반체제 사상이 유입되는 것을 방지한다.
③ 대외연락부는 남한 내 지하당을 건설해 통일전선을 구축하는 임무를 수행한다.
④ 35호실은 인민무력부 정찰총국으로 편입됐지만 해외정보 수집을 담당하고 있다.

25. 다음 중 미국의 정보기관인 NGA에 대한 설명으로 올바르지 <u>않은</u> 것은?

① NGA는 NRO, NSA 등의 하부조직을 통합해 창설했다.
② NRO, 국방부 등이 위성을 통해 수집한 영상을 통해 영상정보를 생산한다.
③ NGA장은 DNI의 추천을 받아 대통령이 임명한다.
④ 미국 항공기나 선박이 해외로 이동할 경우에도 영상정보를 제공한다.

| 03 | 2016 국가정보학 9급 기출문제

01. 다음 중 국가정보학에 대한 설명으로 올바르지 <u>않은</u> 것은?
① 국가정보학을 연구하는 이유는 국가안보를 강화하기 위한 목적이다.
② 국가정보학은 오랜 기간 동안 연구가 진행돼 관련 학술자료가 많다.
③ 냉전이 종식되면서 국가정보기관이 사라질 것으로 예상해 연구가 체계적으로 이뤄지지 않았다.
④ 권위주의 국가는 국가정보학에 대한 연구를 제도적으로 제약했다.

02. 다음 중 셔먼 켄트가 주장하는 정보(intelligence)에 포함되지 <u>않는</u> 것은?
① 지식　　　　　　　　　　② 활동
③ 조직　　　　　　　　　　④ 정책

03. 다음 중 냉전기간 동안 CIA의 정보실패사례에 포함되지 <u>않는</u> 것은?
① 이란 팔레비왕조 붕괴　　② 피그스만 침공
③ 4차 중동전쟁　　　　　　④ 9·11테러

04. 다음 중 정보순환단계에 대한 설명으로 올바른 것은?
① 정보의 기획은 정보소비자의 요구만을 반영해 수립한다.
② 정보소비 다음 단계는 정보환류이다.
③ 수집된 첩보를 평가하는 업무는 수집요원이 담당한다.
④ 양질의 첩보만 수집하면 되기 때문에 정보분석은 중요하지 않다.

05. 다음 중 탈북자로 위장해 한국에서 정보활동을 한 사람을 무엇이라고 지칭하는가?
① 반간
② 생간
③ 내간
④ 향간

06. 다음 중 인간정보에 대한 설명으로 올바르지 않은 것은?
① 자발적 협조자로부터 수집한 인간정보는 신뢰하기 어렵다.
② 인간의 심리는 매우 복잡하고 가변적이기 때문에 관리가 어렵다.
③ 다른 정보수집 수단에 비해 상대적으로 비용이 저렴하다.
④ 정보요원이 수집한 정보를 허위로 보고하거나 변조할 위험성도 있다.

07. 다음 중 로웬탈(Mark M. Lowenthal)이 주장한 좋은 정보의 조건에 포함되지 않는 것은?
① 적시성
② 객관성
③ 이해성
④ 명확성

08. 다음 정보분석과정에서 구성하는 레드팀(Red Team)에 대한 설명으로 올바르지 않은 것은?
① 악마의 대변인 방법과 유사하다.
② A팀과 B팀으로 나눈 후 서로 분석내용을 두고 경쟁하게 만든다.
③ 자유롭게 의견을 개진하는 브레인스토밍 기법과 유사하다.
④ 고위험 저확률인 사건을 예측할 때 적용하면 효과적이다.

09. 다음 중 정보배포의 원칙에 포함되지 않는 것은?
① 세밀성
② 적시성
③ 적합성
④ 계속성

10. 다음 중 국가 3급 비밀에 포함되지 않는 것은?
    ① 사단급 부대조직에 관한 정보
    ② 정보기관 조직에 관한 정보
    ③ 암호자재
    ④ 전략무기 저장시설에 관한 정보

11. 다음 중 선전공작에 대한 설명으로 올바르지 않은 것은?
    ① 백색선전은 자국이 다른 나라에서 진행하는 선전공작만을 말한다.
    ② 회색선전은 출처를 밝히지는 않지만 내용을 보면 누가 수행하는지 알 수 있다.
    ③ 흑색선전은 적군처럼 위장해 하는 선전공작으로 대상국의 혼란을 유도한다.
    ④ 해외에서 실행한 선전공작 내용이 국내 언론에 사실처럼 보도되는 사례도 있다.

12. 다음 중 제임스 올슨(James M. Olson)의 방첩 10계명에 포함되지 않는 것은?
    ① 공격적이어라.   ② 역사를 알아라.
    ③ 포기할 때를 알아라.   ④ 거리를 누벼라.

13. 다음 중 방첩에 대한 설명으로 올바르지 않은 것은?
    ① 방첩은 능동적 방첩과 수동적 방첩으로 구분된다.
    ② 적국 정보기관의 정보수집능력을 파악하는 것도 능동적 방첩활동이다.
    ③ 수동적 방첩은 전통적인 보안영역을 모두 포함한다.
    ④ 방첩대상국으로 적성국만 포함하고 우방국은 제외한다.

14. 다음 중 테러사건에 발생하는 감정의 전이현상으로 테러범이 인질의 문화를 학습하거나 동화되는 현상은 무엇인가?
    ① 리마 증후군
    ② 스톡홀름 증후군
    ③ 런던 증후군
    ④ 스탕달 증후군

15. 다음 중 2016년 3월 제정된 한국의 테러방지법에 대한 설명으로 올바르지 <u>않은</u> 것은?
    ① 사람을 살해하거나 사람의 신체를 상해해 생명을 위협하는 행위를 테러로 규정했다.
    ② 항공기, 선박, 기차 등 다양한 공간에서 발생하는 위협행위를 규제할 수 있도록 포함시켰다.
    ③ 국가테러대책위원회에 인권보호관을 임명해 국민의 기본권 침해를 예방하도록 조치했다.
    ④ 국가대테러위원회 위원장은 국가정보원장이다.

16. 2001년 9·11테러이후 테러와의 전쟁을 수행하고 있는 미국은 선제공격(preemption) 이론을 제시하고 있다. 다음 중 이에 대한 설명으로 올바르지 <u>않은</u> 것은?
    ① 테러는 사후처리는 의미가 없기 때문에 사전에 공격해야 한다는 논리이다.
    ② 1967년 이스라엘이 이집트와 시리아를 선제공격한 것은 예방적 차원에서 실시한 선제공격이었다.
    ③ 선제공격은 약소국이 강대국을 기습할 수 있는 전쟁논리이다.
    ④ 아테네가 스파르타를 선제공격한 펠레폰네소스 전쟁은 예방적 선제공격이었다.

17. 다음 중 사이버정보전쟁의 공격기법에 포함되지 <u>않는</u> 것은?
    ① 디도스(DDoS)공격
    ② 해킹(Hacking)
    ③ 파밍(Pharming)
    ④ 스머핑(Smurfing)

18. 다음 중 한국의 정보기관이 아닌 것은?
① 군국기무처　　　　　　② 기무사
③ 보안사　　　　　　　　④ 육군 특무부대

19. 다음 중 국방부 정보본부에 대한 설명으로 올바르지 않은 것은?
① 777부대는 국방정보본부 예하부대이다.
② 정보사령부는 신호정보를 수집한다.
③ 국방지형정보단은 지형정보와 영상정보가 융합된 공간지리정보를 활용하기 위해 설립했다.
④ 정보본부는 해외에 무관을 파견한다.

20. 군정보기관의 임무에 관한 설명으로 올바르지 않은 것은?
① 기무사는 군대 내부의 간첩활동과 방위산업 관련 방첩활동을 담당한다.
② 안기부는 해외 산업정보수집활동을 활발하게 전개했다는 평가를 받고 있다.
③ 중정은 군사정보 시절에 정적 숙청과 민주화운동을 탄압했다는 비난을 받았다.
④ 국정원은 국내정보보다는 대북정보 수집활동에 주력함으로써 정치적 중립을 추구했다.

21. 다음 중 1974년 김일성이 행한 일은?
① 온 사회의 주체사상화와 유일사상 체계 확립의 10대 원칙을 선포했다.
② 3대 세습정당화를 위한 주민들의 행동강령을 제정했다.
③ 사상, 기술, 문화 등 3대 혁명소조운동을 전개하기 시작했다.
④ 7.4 남북공동성명으로 평화통일을 위한 기반을 구축했다.

22. 다음 미국의 정보기관 중 국방부 소속이 아닌 것은?
① INR
② NSA
③ NRO
④ NGA

23. 다음 중 현재 국가와 소속 정보기구와 연결이 올바르지 않은 것은?
① 러시아 - KGB
② 중국 - 국가안전부
③ 미국 - CIA
④ 일본 - 내각정보조사실

24. 다음 중 미국 의회가 정보기관을 통제하는 방법에 포함되지 않는 것은?
① 행정명령
② 예산심의권
③ 기관장 탄핵소추
④ 청문회 개최

25. 다음 중 미국 의회가 정보기관의 비밀공작을 규제하기 위해 1974년 제정한 법안은?
① Foreign Intelligence Surveillance Act
② Hughes-Ryan Act
③ Intelligence Oversight Act
④ Intelligence Authorization Act

04 | 2017 국가정보학 9급 기출문제

01. 다음 중 전략정보와 전술정보에 대한 설명으로 올바르지 않은 것은?
① 적군에 대한 단순한 스냅 샷은 전술정보라고 볼 수 있다.
② 적국을 견제하기 위한 군사정책을 수립하는데 전술정보가 유용하다.
③ 적국에 대한 커다란 그림은 전략정보에 해당된다.
④ 군대에 숫자, 군대의 구성 등에 관한 정보는 전술정보이다.

02. 다음 중 정보와 정책의 관계에 대한 설명으로 올바르지 않은 것은?
① 정보는 정책에 관여할 수 없지만 정책은 정보에 영향을 미칠 수 있다.
② 정보기관이 능력이 뛰어나도 국가의 정책방향을 결정해서는 안 된다.
③ 정책은 국가정보기관의 정보에 종속되는 것이 바람직하다.
④ 정보와 정책은 상호 밀접하게 연관되기 때문에 정보기관과 정책결정자는 협력해야 한다.

03. 다음 중 정보분석에 대한 설명으로 올바르지 않은 것은?
① 질적분석 기법에는 경쟁가설, 인과고리 분석 등이 있다.
② 정보분석관이 주어진 임무에 대한 첩보를 분석할 때는 주로 질적분석 기법을 이용한다.
③ 양적분석이 객관적인 결론을 도출할 수 있지만 현실적으로 적용할 수 있는 사례가 많지 않다.
④ 질적분석이 주관성이 개입될 수 있기 때문에 가급적 양적분석 기법을 적용하는 것이 바람직하다.

04. 다음 중 정보분석에 관련된 학파에 대한 설명으로 올바르지 <u>않은</u> 것은?

① 기회분석학파는 현실주의자에 가깝다고 볼 수 있다.
② 미국 정보기관은 정보기관이 정보소비자와 밀접한 관계를 유지하지 않지만 영국 정보기관은 밀접한 관계를 유지한다.
③ 현실주의적 접근은 미국 정보기관에서만 선호하고 다른 국가의 정보기관은 선호하지 않는다.
④ 기회분석학파는 정보분석관은 정보소비자의 선호를 파악해 반영해야 한다고 생각한다.

05. 다음 중 한국의 방첩업무에 대한 설명으로 올바르지 <u>않은</u> 것은?

① 국정원이 방첩업무에 활용하는 보안업무규정은 대통령령으로 수정해야 한다.
② 국가의 보안체계는 개인보안, 기업보안, 국가보안 등으로 구분 할 수 있다.
③ 원칙적으로 암호자재는 국가정보원장이 제작해 보급해야 하지만 인가하는 범위 내에서 예외를 둘 수 있다.
④ 보안업무 규정에 간첩은 적으로만 규정돼 있어 동맹국이나 제3국의 국민이 간첩행위를 했을시는 처벌하지 못한다.

06. 다음 중 통신비밀보호법상 통신제한조치에 대한 설명으로 올바르지 <u>않은</u> 것은?

① 국가안보를 위한 통신제한에 외국인이랑 내국인의 구분이 없다.
② 내국인의 통신을 감청하기 위해서는 반드시 영장이 필요하다.
③ 외국인은 영장주의 원칙에 예외가 되며 대화 당사자가 모두 외국인이면 국정원을 거쳐 대통령이 승인해야 한다.
④ 정보기관이 대통령의 승인을 얻을 여유가 없을 때에는 해당 기관장의 승인을 얻어 감청을 할 수 있다.

07. 다음 중 국가정보기관이 수행하는 방첩에 대한 설명으로 올바르지 않은 것은?

① 급진적 단체에 대한 방첩활동은 비효율적이다.
② 정보를 수집해야 하는 단체가 너무 많이 생기면서 방첩활동에 어려움이 있다.
③ 방첩 관련 정보는 많을수록 대응방안을 수립하기에 유리하다.
④ 수집된 첩보가 많을 경우 정보분석을 위한 어려움도 발생한다.

08. 다음 중 미국의 방첩활동에 대한 설명으로 올바르지 않은 것은?

① 2001년 911테러 이후 방첩활동을 강화하기 시작했다.
② 국가안보국(NSA)의 슈퍼컴퓨터를 활용해 탈론(TALON) 정보를 수집한다.
③ 테러와 사이버 범죄에 대한 대응은 FBI의 역할이다.
④ 코인텔프로(COINTELPRO)는 FBI가 벌인 내부 정치싸움으로 방첩활동과 관련이 없다.

09. 다음 중 한국의 정보기관에 대한 설명으로 올바르지 않은 것은?

① 통일부 정세분석국은 정보기관이라고 볼 수 있다.
② 정보사령부는 북한 관련 군사정보를 수집하며 대북공작도 수행한다.
③ 국정원은 엄격하게 독립된 국가정보기구이다.
④ 국정원은 김대중 정부가 출범하면서 국가안전기획부에서 개칭한 이름이다.

10. 다음 중 한국의 정보기관에 대한 설명으로 올바르지 않은 것은?

① 한국의 국가정보기관은 국가정보원이 유일하다.
② 사이버작전사령부는 북한의 사이버전을 대비하기 위해 창설했다.
③ 정보사에 편입된 전 국방정보지형단은 지도에 관련된 정보를 수집하고 관리한다.
④ 3권 분립에도 불구하고 사법부, 입법부 등의 보안업무는 국가정보원이 통제한다.

11. 다음 중 북한 정보기관의 임무에 대한 설명으로 올바르지 <u>않은</u> 것은?

① 인민무력부 정찰총국은 군사정보 수집과 해외정보를 수집한다.
② 국가안전보위부(성)는 국내의 정치사찰, 방첩 관련 업무를 수행한다.
③ 대외연락부는 남한과의 교류업무를 수행하고 있다.
④ 보위사령부는 군내 반체제활동을 감시하고 군 관련 민간인도 사찰한다.

12. 다음 미국의 정보기관 중 기술정보를 수집하는 기관에 포함되지 <u>않는</u> 것은?

① NSA
② CIA
③ NRO
④ NGA

13. 다음 중 러시아의 정보기관에 대한 설명으로 올바르지 <u>않은</u> 것은?

① FSB는 KGB가 해체되면서 국내담당부서를 통합해 창설됐으며 국내방첩정보를 담당한다.
② FAIPS는 KGB의 8국과 16국이 통합돼 설립됐으며 통신정보를 담당했지만 2003년 FSB에 흡수됐다.
③ KGB는 해체되기 이전에 국내 방첩임무도 담당했다.
④ MAD는 군사정보기관으로 해외에 무관을 파견한다.

14. 다음 중 국가별 군 정보기관의 연결이 올바르지 <u>않은</u> 것은?

① 미국 - DIA
② 프랑스 - DRM
③ 일본 - DIH
④ 독일 - GRU

15. 다음 현존하는 세계 각국의 정보기관 중 통합형 기관에 포함되는 것은?
① 한국의 국정원
② 러시아의 KGB
③ 중국의 MPS
④ 미국의 CIA

16. 다음 중 정보의 정치화에 대한 설명으로 올바르지 않은 것은?
① 정보는 정책과 밀접하게 연관돼야 한다는 것은 행동주의 이론이다.
② 전통주의는 정보는 정책결정과 거리를 두고 독립적인 판단을 내려야 한다는 입장이다.
③ 정책결정자도 정보정책에 관여하는 것은 바람직하지 않다는 견해도 많다.
④ Sherman Kent는 정책결정자들에게 의미 있는 정보를 제공해야 한다는 행동주의 학파에 속한다.

17. 다음 중 일반인이 스파이(spy)가 되는 이유에 대한 설명으로 올바르지 않은 것은?
① 불합리한 위험추구와 같은 인성장애가 있어야 반역행위에 가담하기 쉽다.
② 권력에 대한 욕망은 스파이가 되는 사람들의 공통된 특성이 아니다.
③ 개인에게 위험을 경험하게 되면 이를 탈출하기 위해 스파이가 될 수 있다.
④ 비밀정보에 쉽게 접근할 수 있는 기회와 보상이 주어지면 스파이가 된다.

18. 다음 정보분석의 종류 중 질적 분석과 관련이 없는 것은?
① 대안분석
② 계층분석기법
③ 사례 연구
④ 델파이 기법

19. 다음 중 한국에서 군사 Ⅰ급 비밀의 지정권자에 포함되지 않는 사람은?
① 국방부장관
② 국방정보본부장
③ 국군기무사령관
④ 국방부 직할대장

20. 다음 중 특수군사활동과 비밀공작의 차이점에 대한 설명으로 올바르지 않은 것은?
① 비밀공작은 상대방의 군사력을 무력화시키는 것을 목적으로 한다.
② 비밀공작은 정치적 목적을 실현시키는 것이다.
③ 특수군사활동은 배후를 은폐할 필요가 없어 군복을 입은 현역 군인들이 작전에 동원된다.
④ 미국은 특수군사활동과 비밀공작을 구분하지 않고 선택하는 경향이 있다.

21. 다음 중 미국의 정보기관이 통화내역을 확보하는 펜 - 레지스터(Pen - Registers)에 포함되지 않는 것은?
① 통화내용
② 통화횟수
③ 통화시간
④ 통화한 전화번호

22. 다음 중 미국의 국가정보기관이 산업정보활동에서 두고 있는 주안점에 포함되지 않는 것은?
① 국가경제정책 및 대외 통상교섭에 필요한 정보의 수집 및 분석
② 국내 기업의 국제협정 위반 및 불공정 거래행위 파악
③ 외국 정부나 기업의 국제협정 위반 및 불공정 거래행위 파악
④ 외국의 산업스파이 활동에 대응하기 위한 산업보안활동

23. 한국의 국정원은 사이버안보를 강화하기 위해 사이버경보를 5단계로 관리하고 있다. 다음 중 사이버경보 5단계에 대한 설명으로 올바르지 않은 것은?
   ① 사이버경보는 1단계 정상부터 5단계 심각으로 구성돼 있다.
   ② 2단계 관심은 해외에서 사이버공격이 국내로 유입됐을 때 발령한다.
   ③ 3단계 주의는 침해사고가 일부 기관에서 발생해 보안태세가 필요할 때 격상한다.
   ④ 4단계 경계는 복수의 통신서비스사업자의 기간망에 장애가 발생했을 때 발령한다.

24. 다음 중 사이버정보전의 특징에 대한 설명으로 올바르지 않은 것은?
   ① 범죄집단, 종교집단, 개인 등 국가 이외의 다양한 행위자가 등장했다.
   ② 전쟁수행 방법이 지능화, 고도화되어 방어가 매우 어렵게 되었다.
   ③ 군부대, 군사시설 등 전술적 목표가 주요 공격대상이다.
   ④ 주요 시설, 인프라 등 사이버정보전의 공격목표가 늘어났다.

25. 다음 중 미국이 추진하는 미사일방어체계(MD)에 대한 설명으로 올바르지 않은 것은?
   ① 기술개발의 진전과 전폭적인 예산지원으로 완벽하게 구축된 상태이다.
   ② 1983년 레이건 행정부가 소련의 재정적 악화를 초래하기 위해 시작한 스타워즈계획이 시초이다.
   ③ 공화당 정권은 전폭적으로 추진했지만, 민주당 정권은 부정적인 시각을 견지했다.
   ④ 미국본토의 보호에서 우방국까지의 방어의 범위가 확장되었다.

2018 국가정보학 9급 기출문제

01. 다음 중 미래 사회에서는 이데올로기의 중요성이 사라질 것이라는 주장을 담은 '이데올로기의 종언(The End of Ideology)'을 저술한 학자는?

① 니콜라스 네그로폰테
② 대니얼 벨
③ 앨빈 토플러
④ 셔먼 켄트

02. 다음 중 '정보는 지식이며 조직이며 활동이다'라고 정의한 학자는?

① Mark M. Lowenthal
② Sherman Kent
③ Abram n. Shulsky
④ Jennifer Sims

03. 다음 중 국가정보기관과 국가부문정보기관에 대한 설명으로 올바르지 않은 것은?

① 미국 NSA는 국가부문정보기관이다.
② 미국의 국가정보기관은 CIA 이다.
③ 영국의 MI6은 국가정보기관이다.
④ 독일의 연방헌법보호청(BfV) 수장은 차관보급이다.

04. 다음 중 정보실패에 대한 설명으로 올바르지 않은 것은?

① 후광효과로 인한 정보실패는 진주만공격을 예측하지 못한 것이다.
② 2차 중동전쟁은 CIA의 집단사고로 인한 정보실패로 명분을 잃었다.
③ 정보공유 실패로 6·25전쟁 당시 중공군의 개입을 예상하지 못했다.
④ 1973년 4차 중동전쟁은 정보기관 내부의 갈등으로 대비하지 못했다.

05. 다음 중 영상정보에 대한 설명으로 올바르지 않은 것은?
① 아리랑 5호는 합성영상레이더가 탑재돼 야간에도 촬영이 가능하다.
② 아리랑 6호는 2019년 발사할 예정이었지만 2020년 이후로 연기됐다.
③ 요즘은 군사위성보다 민간위성의 성능이 더 뛰어나다.
④ 정찰위성과 정찰항공기로 촬영한 사진을 통해 정보를 생산한다.

06. 다음 한국의 정찰위성에 대한 설명으로 올바르지 않은 것은?
① 아리랑 3호는 2012년 5월 발사했으며 55m급 지구관측카메라를 탑재했다.
② 아리랑 5호는 2013년 8월 발사했으며 고도 550km에서 지구를 선회하고 있다.
③ 아리랑 3호는 비 오면 촬영한 영상판독이 어렵다.
④ 아리랑 5호는 합성영상레이더를 탑재해 악천후에는 운용이 가능하다.

07. 다음 중 정보관(officer)에 대한 설명으로 올바르지 않은 것은?
① 흑색정보관은 PNG 이후 현지에 주재하기 어렵다.
② 흑색정보관은 외교관계가 없는 국가에도 파견이 가능하다.
③ 백색정보관은 외교관과 같은 가장 신분을 사용한다.
④ 백색정보관은 신분이 알려져 보안당국의 감시대상에 포함된다.

08. 다음 중 TECHINT에 포함되지 않는 것은?
① OSINT
② MASINT
③ SIGINT
④ IMINT

09. 다음 중 신호정보(SIGINT)에 포함되지 <u>않는</u> 것은?
① 통신정보 ② 전자정보
③ 영상정보 ④ 레이더정보

10. 다음 중 중국 36계와 관련이 없는 의미의 한자성어는?
① 반객위주(反客爲主) ② 수상개화(樹上開花)
③ 소리장도(笑裏藏刀) ④ 경국지색(傾國之色)

11. 다음 정보분석 중 정보분석관의 오류에 포함되는 <u>않는</u> 것은?
① Group Think ② Mirror Image
③ Layering ④ Swarm Ball

12. 다음 중 질적 분석기법에 대한 설명으로 올바르지 <u>않은</u> 것은?
① 베이지안기법은 세계 최초의 확률이론으로 미국 CIA가 개발했다.
② 역할연기는 다자간 협상전략을 준비하는데 유용하다.
③ 경쟁가설은 다수의 가설을 수립해 동시에 평가해 선택한다.
④ 인과고리는 인과관계를 추정해 미래를 예측하는 방법이다.

13. 다음 중 '가능한 모든 대안을 나뭇가지 형태로 도식화해서 최적의 결과를 찾아내는 분석기법'은?
① 브레인스토밍 ② 의사결정나무기법
③ 귀납적 통계분석 ④ 사례연구

14. 다음 중 질적 분석기법에 포함되지 않는 것은?
   ① 경쟁가설
   ② 인과고리
   ③ 유추법
   ④ 정세분석

15. 다음 중 비밀문서의 관리에 대한 설명으로 올바른 것은?
   ① 비밀은 기한이 만료되면 파기 또는 재분류한다.
   ② 비밀은 등급별로 분류해 따로 보관한다.
   ③ 비밀은 보호할 수 있는 최대 등급으로 분류한다.
   ④ 비밀은 암호나 일반문서와 같이 보관할 수 있다.

16. 다음 중 정보의 분류기준에 대한 설명으로 올바르지 않은 것은?
   ① 정보는 국가정보와 국가부문정보로 구분할 수 있다.
   ② 정보의 중요도는 현재, 미래, 과거의 순이다.
   ③ 국가정보는 정책결정자만이 소비할 수 있다.
   ④ 정보의 분류기준은 시대적 상황에 따라 변할 수 있다.

17. 다음 중 미국 정보기관의 비밀공작에 대한 설명으로 올바르지 않은 것은?
   ① 1953년 이란의 모사덱 정부를 전복시킨 것은 정치공작 중 영향공작이다.
   ② 프랑스의 삐에르 샤르 빠테(Pierre-Charles Pathé)는 소련의 과학경제정보센터 뉴스레터를 발간하면서 소련의 첩자로 활동했으며 CIA는 이를 저지, 차단하고자 했다.
   ③ 프랑스에서 언론사에 자금지원을 통해 소련에 대한 비판을 유도했다.
   ④ 냉전기간 중 유럽에서 공산주의와 대항하기 위해 선전공작을 강화했다.

18. 다음 중 비밀공작에 관련된 이슈에 대한 설명으로 올바르지 <u>않은</u> 것은?
① 일반적으로 민주주의국가가 선택할 수 있는 정책 수단이 아니다.
② 비밀공작 수행 자체를 그럴듯하게 부인을 해야 하는 문제가 있다.
③ 정책결정자는 강압적 외교정책보다 효과적이기 때문에 선택의 유혹에 빠지기 쉽다.
④ 냉전 이후 준군사공작보다는 정치공작, 경제공작 등이 많이 활용되고 있다.

19. 다음 중 소련정보기관인 KGB의 선전공작에 대한 설명으로 올바르지 <u>않은</u> 것은?
① 1950년대 동독이 서독을 대상으로 하는 공산주의 확산을 위한 선전공작을 지원했다.
② 1960~70년대 미국 내 대학생과 반체제 인사를 포섭해 반전운동과 반핵운동 등 반정부 시위를 주도했다.
③ 1970년대 베트남에서 월남의 반체제 인사와 월맹 동조세력을 포섭해 미군철수를 유도하는 심리전을 전개해 성공했다.
④ 1980년대 남아공에서 흑인차별 정책을 추진하는 첩보국(SASS)에 미국이 개입했다는 선전공작을 전개했다.

20. 다음 중 방첩업무에 대한 설명으로 올바르지 <u>않은</u> 것은?
① 방첩활동은 능동적 방첩과 수동적 방첩으로 구분한다.
② 수동적 방첩의 종류는 문서보안, 인원보안, 시설보안 등이 있다.
③ 방첩은 적국의 정보원이 자국의 정보를 수집하지 못하도록 방어하는 것이다.
④ 방첩은 적국의 군사정보를 수집해 공격활동을 수립하는데 활용하는 것이다.

21. 다음 중 한국의 방첩 관련 법률에 대한 설명으로 올바르지 <u>않은</u> 것은?
① 외국인은 형법에 의한 간첩죄가 적용되지 않는다.
② 외교상 비밀을 누설할 경우에는 간첩행위로 간주한다.
③ 군사기밀을 수집하거나 누설해도 처벌을 받는다.
④ 적의 간첩을 방조한 자도 처벌을 받는다.

22. 다음 중 암호부정사용의 죄에 포함되지 않는 사람은?
① 허가를 받지 않고 암호를 수신한 사람
② 허가를 받지 않고 암호를 발신한 사람
③ 허가를 받지 않은 사람에게 암호를 수신하게 한 사람
④ 수신한 암호를 전달하지 아니하거나 거짓으로 전달한 사람

23. 다음 중 국가보안법에 대한 설명으로 올바르지 않은 것은?
① 반국가단체는 정부를 참칭하거나 국가를 변란할 것을 목적으로 하는 단체이다.
② 반국가단체를 구성하거나 가입한자는 처벌한다.
③ 반국가단체에 가입할 것을 권유하거나 지시를 받아도 처벌 받는다.
④ 반국가단체는 3인 이상의 특정인이 단체를 구성한 경우에 해당된다.

24. 다음 중 최근 발생하는 테러에 대한 설명으로 올바르지 않은 것은?
① 인터넷으로 연결되면서 테러조직의 실체를 파악하기 어렵다.
② 동남아, 동북아는 이슬람의 영향이 거의 없어 아직까지 테러가 일어난 적이 없는 테러 안전지대이다.
③ 이슬람국가(IS)의 멸망에도 불구하고 지지 세력의 테러행위가 끊이지 않고 있다.
④ 미국, 서유럽 국가 등의 테러대책에도 불구하고 테러예방이 어려운 실정이다.

25. 다음 중 중국의 범죄조직인 삼합회에 대한 설명으로 올바르지 않은 것은?
① 홍콩을 기점으로 성장했지만 개혁개방정책 이후 중국 본토에서 거점을 확보했다.
② 전통적인 사업영역을 매춘, 마약밀매, 도박, 위조상품 판매이다.
③ 중국 본토에서 부동산개발, 인터넷 사업 등으로 사업영역을 확장 중이다.
④ 중국, 홍콩 이외인 영미, 남미권 국가에서는 활동하지 않는다.

06 | 2018 국가정보학 7급 기출문제

01. 다음 중 한국의 사이버전 대응에 대한 설명으로 올바르지 <u>않은</u> 것은?

① 사이버테러방지법은 2016년에 제정했다.
② 북한 정찰총국의 조직적인 사이버테러로 인한 피해가 증가하고 있다.
③ 합참은 2001년부터 인포콘(INFOCON)을 제정해 시행하고 있다.
④ 2010년 합참 정보본부 산하에 사이버작전사령부를 창설해 대응하고 있다.

02. 다음 한국의 정보기구에 대한 설명으로 올바르지 <u>않은</u> 것은?

① 정보사령부는 1951년 설립된 HID가 기원이다.
② 중앙정보부는 1961년 5·16 군사쿠데타 이후 설립됐다.
③ 정보본부는 1981년 합동참모본부 제2국을 확대 개편해 창설했다.
④ 기무사령부는 국방정보본부의 명령하달에 따른다.

03. 다음 한국 국가정보기관 수장 중 국회로부터 임명 동의안을 받아야 하는 사람은?

① 국정원장 ② 기무사령관
③ 정보사령관 ④ 국방부 정보본부장

04. 다음 중 한국 국가정보원의 권한을 올바르게 연결한 것은?

> ㉠ 국외정보 및 국내보안정보의 수집
> ㉡ 국가기밀에 속하는 문서·자재·시설에 대한 보안업무
> ㉢ 군 형법상 내란죄에 대한 수사
> ㉣ 정보 및 보안업무의 기획·조정

① ㄱ, ㄴ
② ㄱ, ㄴ, ㄷ
③ ㄱ, ㄷ, ㄹ
④ ㄱ, ㄴ, ㄹ

05 다음 중 군사안보지원사령부에 대한 설명으로 올바르지 않은 것은?

① 과거 국군기무사령부를 폐지하고 2018년 새롭게 설립한 군 방첩기관이다.
② 박근혜 정부에서 정치에 개입했다는 이유로 해편된 것이다.
③ 국군기무사령부에서 명칭만 변경됐으며 임무는 그대로 유지됐다.
④ 모든 직원에게 정치적 중립 의무가 강제로 부과됐다.

06. 다음 중 사이버작전사령부에 대한 설명으로 올바르지 않은 것은?

① 2010년 국방부 정보본부 산하의 부대로 창설됐다.
② 북한군의 사이버공격에 대응하기 위한 목적으로 설립됐다.
③ 박근혜 정부에서 정치활동을 수행해 2018년 명칭을 변경했다.
④ 국방부 직할부대에서 정보본부 산하로 편제를 변경했다.

07. 다음 미국의 정보기구에 대한 설명으로 올바르지 않은 것은?

① CIA는 대통령 직속 정보기관이다.
② NSA는 대통령 직속 정보기관이다.
③ FBI는 법무부 산하 정보기관이다.
④ DIA는 국방부 산하 정보기관이다.

08. 다음 중 중국의 정보기구에 대한 설명으로 올바르지 않은 것은?
① 보위사령부와 국가안전부는 국무원 소속 정보기관이다.
② 통일전선공작부는 당 소속 정보기관이다.
③ 공공안전부는 방첩을 담당하며 국무원 소속이다.
④ 중앙군사위원회 산하에 총참모부와 총정치부가 소속돼 있다.

09. 다음 중 영국 정보기관인 SIS의 설립시기로 올바른 것은?
① 1차 대전 중
② 1차 대전 이후
③ 2차 대전 중
④ 2차 대전 이후

10. 다음 중 이스라엘 정보기구에 대한 설명으로 올바르지 않은 것은?
① 모사드는 시오니즘을 바탕으로 민족재결합프로젝트를 추진하고 있다.
② 영국의 발포선언으로 유대국가 독립의 기틀이 마련됐다.
③ 신베스는 점령지 등 국내 방첩활동을 담당한다.
④ 라캄(Lakam)은 1957년 국방부 직속으로 설립됐으며 군사정보 수집을 담당했다.

11. 다음 중 이스라엘 정보기구인 신베스의 방첩활동에 포함되지 않는 것은?
① 1962년 좌파 마팜당의 중동전문가인 아하론 코헨을 체포했다.
② 1972년 독일 전자공학자인 피터 풀만을 레바논 이적행위로 체포했다.
③ 1962년 소련에 정보를 제공한 이스라엘 비어를 체포했다.
④ 1962년 소련에 제공한 핵물리학자 키트 시터를 체포했다.

12. 다음 세계 각국의 정보기관에 대한 설명으로 올바른 것은?
   ① 2차 대전 이후 창설된 OSS는 CIA의 전신이 되었다.
   ② 영국의 SIS는 보안기관이다.
   ③ 독일의 아프베르는 방첩기관이다.
   ④ KGB는 러시아의 악명 높은 보안기관이다.

13. 다음 중 국가와 소속 정보기구의 연결이 올바르지 않은 것은?
   ① 미국 - NSA   ② 중국 - MSS
   ③ 러시아 - DRM   ④ 영국 - MI5

14. 다음 중 통합형 정보기관에 포함되는 것은?
   ① 이란 - VEVAK   ② 미국 - CIA
   ③ 프랑스 - DGSE   ④ 러시아 - FSB

15. 다음 중 국가 간 정보협력에 대한 설명으로 올바르지 않은 것은?
   ① 타국이 제공하는 정보는 믿을 수 없다는 불신을 해소할 수 있어야 한다.
   ② 한국은 2016년 일본과 군사정보보호협정을 체결했다.
   ③ 선진국에 정보를 의존할 경우 협상카드로 활용당할 위험이 존재한다.
   ④ 글로벌 환경이 복잡해지면서 한국의 정보공유는 줄어들고 있다.

16. 다음 중 한국 국회가 국가정보원을 감독할 수 있는 권한에 포함되지 않는 것은?
   ① 국회는 국정원장의 임명을 거부할 수 있다.
   ② 국정원의 예산을 심의하고 결산을 보고받을 수 있다.
   ③ 국정원장을 불러 주요 업무에 대한 질의를 할 수 있다.
   ④ 원내교섭단체를 구성한 정당만 정보위원회에 선임될 수 있다.

17. 다음 중 한국 국회가 국가정보원을 감독할 수 있는 권한에 포함되지 않는 것은?

① NRO
② DIH
③ FAPSI
④ DIC

18. 다음 부분정보기관이 아닌 것은?

① DEA ② INR
③ UFWD ④ MSS

19. 다음 중 성격이 다른 하나는?

① SR-71 ② COSMOS
③ RC-135W ④ U-2

20. 다음 중 Echelon에 포함되지 않은 국가는?

① 남아프리카공화국 ② 영국
③ 뉴질랜드 ④ 캐나다

21. 다음 중 정보실패에 포함되지 않은 주요 사례는 무엇인가?

① 진주만 기습(1941) ② 한국전쟁(1950)
③ 베트남전쟁(1955년) ④ 걸프전(1991년)

22. 다음 중 셔먼켄트가 주장한 시계열에 따른 분류에 포함되지 <u>않는</u> 것은?
① 미래정보　　　　　　　　② 기본정보
③ 판단정보　　　　　　　　④ 현용정보

23. 다음 중 비밀공작중 폭력성이 가장 낮은 비밀공작유형은 무엇인가?
① 준군사공작　　　　　　　② 전복공작
③ 정치공작　　　　　　　　④ 경제공작

24. 다음 중 대테러센터에 대한 설명중 적절치 <u>않은</u> 것은?
① 국가테러대책위원장인 국무총리가 임명한다.
② 24시간 대테러업무에 대하여 실무적인 대테러업무를 관장한다.
③ 국가테러활동 지침작성 및 배포, 대테러관련 협조사항 등을 실무 조정한다.
④ 태테러 경보 발령은 국정원 테러통합센터에서 발령한다.

25. 다음 중 북한의 테러와 관련된 조직이 <u>아닌</u> 것은?
① 군 정찰국　　　　　　　　② 통일전선부
③ 당 작전부　　　　　　　　④ 당 25호실

| 07 | 2019 국가정보학 7급[전반기] 기출문제

01. 정보기구들을 통합, 조정관리 하는 기구가 <u>아닌</u> 것은?
① 미국 NIC
② 영국 JIC
③ 이스라엘 Varash
④ 일본 JIC

02. 테러와 관련 없는 미국의 기관은?
① CIA
② FBI
③ DEA
④ INR

03. 중국정보기구들을 통합 조정하는 곳은?
① 당 중앙정법위원회
② 당 대외연락부
③ 국가안전부
④ 당 군사위원회

04. 국제테러 행위는 어떤 것에 속하는가?
① 하드파워
② 소프트 파워
③ 합법적인 힘
④ 비합법적인 힘

05. 정보분석의 오류 중 내적요인이 <u>아닌</u> 것은?
① Mirror imaging
② Clientism
③ Layering
④ Killing the Messnger

06. 갑작스런 정세변화로 새로운 정보수집 요구가 발생할 경우 생기는 요구방법은?
① PNIO
② EEI
③ SRI
④ OIR

07. 기만 공작에 해당하는 것은?
① 영향공작
② 역정보 제공
③ 선전공작
④ 역이용

08. 경제공작과 관련된 것은?
① 지원공작
② Star wars
③ 영향공작
④ 경제제재

09. 전복 공작으로 올바른 것은?
① 자국에 불리한 영향을 주는 상대국 정권을 전복시키는 공작행위이다.
② 전복공작은 선전공작, 정치공작과 관계없이 초반부터 실행한다.
③ 전복공작시 자국의 군대를 은밀히 동원한다.
④ 전복공작시 전면에 나서 적극적으로 실시하여 성공을 보장한다.

10. 법령이 먼저 제정된 순서가 올바른 것은?
① 국가정보원법 → 국가보안법 → 정보통신망법 → 테러방지법
② 국가보안법 → 국가정보원법 → 정보통신망법 → 테러방지법
③ 국가보안법 → 국가정보원법 → 테러방지법 → 정보통신망법
④ 국가정보원법 → 국가보안법 → 테러방지법 → 정보통신망법

11. 산업정보활동과 관련이 없는 기관은?

① 산업기밀보호센터
② 중소기업 기술정보진흥원
③ 벤처기업 기술정보진흥원
④ 한국산업기술보호협회

12. 다음 중 정보보고서 배포기술이 <u>아닌</u> 것은?

① Brush Pass
② Dead Drop
③ Cyber Devke
④ Silo Effect

13. 다음 중 스테가노그라피에 대한 설명 중 바른 것은?

① 사진, 편지글, 기타 매체에 메시지를 숨겨서 전달하는 방법이다.
② 전자문서, 웹페이지 등 전자매체에 데이터를 삽입하여 은폐하는 기술이다.
③ 온라인상 연락소이다.
④ 주요사진 정보를 손톱보다 작은 축소필름에 담아 은닉하는 정보전달이다.

14. 상황판 비밀표시와 관련하여 다른 것은?

① 상황판 상-하단 중앙에 적절한 비밀등급을 표시한다.
② 비밀을 표시한 상황판은 등급만 표시하여 관리한다.
③ 상황판은 비밀등급을 표시하고 가림막을 설치하여 관리한다.
④ 가림막에도 보안상 유해여부를 판단하여 해당 비밀 등급을 표시 할 수 있다.

15. 정보보고서 배포형태가 아닌 것은?
① Report
② 메모
③ 백서
④ E-mail

16. 양적분석기법으로 올바르지 않은 것은?
① 베이지안 기법
② 정세전망기법
③ 의사결정나무 기법
④ 브레인 스토밍

17. 셔먼켄트 정보분석 9계명으로 올바르지 않은 것은?
① 정보판단의 결과는 분석관 개인이 책임진다.
② 언어구사를 정확히 한다.
③ 분석관 자신의 의제나 선호도를 추구해서는 안된다.
④ 과오를 인정하고 실수를 통해서 배워라

18. 정보학자가 아닌 것은?
① 마이클 허만
② 마크 로웬탈
③ 토마스 프레이
④ 제프리 리첼슨

19. 다음 법령을 올바르게 설명한 것이 아닌 것은?
① 국가보안법은 국가안전을 위태롭게 하는 반국가활동을 규제하기 위한 법령이다.
② 국가보안법 중 반국가단체를 구성한 수괴는 사형 또는 무기징역에 처한다.
③ 군형법 중 반란을 작당한 수괴는 사형에 처한다.
④ 군형법 중 반란에 부화뇌동하거나 단순히 폭동에만 관여한 사람은 5년 이하의 징역이나 금고에 처한다.

20. 사일로현상에 대한 설명 중에 다른 것은?
　① 사일로는 곡식저장창고로서 원통형 창고를 뜻하며, 창고 중간에 막혀 곡식이 밑으로 내려가지 못하는 현상을 의미한다.
　② 다른 부서와 최대한 협조 및 소통하는 현상을 말한다.
　③ 조직내 소통부족, 타부서와 의사소통을 하려는 의지가 부족한 현상을 말한다.
　④ 부서이기주의로 다른 부서와 담을 쌓고 자기부서만의 이익만을 추구하는 현상을 말한다.

21. 다음 중 테러와 관련이 없는 정보조직은?
　① FBI　　　　　　　　　　② MPS
　③ 공안조사청　　　　　　　④ MI6

22. 일본의 공안조사청에 대한 설명으로 다른 것은?
　① 한국전쟁 중에 설립되었으며 한국 내 좌익세력의 색출임무를 지원하였다.
　② 극우와 국좌세력의 사회불안 행위를 예방한다.
　③ 국제범죄, 테러 등에 대한 정보를 수집한다.
　④ 경찰과 달리 체포, 가택수색 등의 권한이 없다.

23. 다음 중 통합형 정보기관에 포함되지 않는 것은?
　① KGB　　　　　　　　　② CIA
　③ NIS　　　　　　　　　 ④ VEVAK

24. 다음 중 미국정보기관의 민주적 통제에 대한 설명이 아닌 것은?

① 미국 CIA는 해외에서만 비밀공작을 수행한다.
② 1974년 휴즈라이언법을 제정해 암살공작을 금지했다.
③ 비밀공작 수행시엔 대통령이 서면으로 재가해야 한다.
④ 비밀공작활동에 제3자가 개입되면 의회에 즉각 보고해야 한다.

25. 다음 중 향후 정보혁신과 관련된 정보환경의 변화를 설명한 내용 중 틀린 것은?

① 초국가적인 안보위협의 범위와 유형이 점차 확대되고 있다.
② 다양한 이익집단, 다국적기업, 국제범죄조직 등 비국가행위 단체들이 국제환경을 주도하고 있다.
③ 위협의 대상과 범위가 여전히 전통적인 군사적위협 등 군사영역으로 좁혀지고 있다.
④ 정보혁명으로 정보소비자 태도에 중대한 변화를 가져오면서 더 많은 정보의 개방과 정보수요를 요구하고 있다.

| 08 | 2019 국가정보학 7급[후반기] 기출문제

01. 질적분석 종류가 <u>아닌</u> 것은?
① 게임이론　　　　　　② 브레인 스토밍
③ 인과고리　　　　　　④ 델파이 기법

02. 질적분석 종류의 설명 중 옳지 <u>않은</u> 것은?
① 핵심판단기법(KJ)은 분석대상에 다수가설을 설정후 가설을 뒷받침해주는 첩보를 중심으로 압축하면서 핵심적인 판단을 도출해간다.
② 델파이기법은 설문조사로서 여러 전문가의 의견을 종합하여 미래를 예측해 가는 기법이다.
③ 계층분석기법은 의사결정의 전 과정을 여러단계로 계층화 한뒤 각 단계별로 요인을 분석하여 최종적인 의사결정에 이르는 기법이다.
④ 사례연구기법은 과거사례들을 참고하여 분석하는 기법으로 새로운 변화를 추구하는 상황에서 유용한 기법이 아니다.

03. 국가정보활동의 필요성에 대한 설명 중 다른 것은?
① 국가정보활동의 최대 목적은 국가안전의 보장이다.
② 국가정책의 합리적 선택을 위해 정보를 지원한다.
③ 국가경쟁력의 확보를 위한 정보할동에는 제한이 있다.
④ 외교협상력 제고나 국제조약의 검증 등에도 국가정보할동은 매우 유용하다.

04. 일본정보기구 설명으로 옳지 않은 것은?
① 아베정부는 JCIA를 설치하였다.
② 일본의 국가정보기관은 내각정보조사실이다.
③ 공안조사청은 국내보안, 방첩을 담당하며 수사권이 없다.
④ 방위성 정보본부는 군사정보를 수집, 분석, 처리하는 군정보기관이다.

05. 북한 사이버공격과 관련하여 옳지 않은 것은?
① 북한의 사이버전을 위해서 1990년대 중반부터 사이버전사를 양성하기 시작하였다.
② 북한의 사이버공격을 주도하는 기구는 정찰총국으로 약 7,700여명의 해커들이 있다.
③ 북한의 총참모부 지휘자동화국도 정찰총국과 함께 평시에 사이버공격을 실시한다.
④ 북한의 평시에 DDoS공격을 주로 실시하고 있다.

06. 다음 미국의 정보통제를 위한 의회의 위원회가 아닌 것은?
① 워싱턴위원회
② 처치위원회
③ 파이크위원회
④ 이노우에-해밀턴위원회

07. 다음 대안분석에 대한 설명 중 틀린 것은?
① 대안분석은 방법론적으로 모호하여 정책결정자가 제대로 분석기법을 이해하지 못하고 보고서를 무시할 수도 있다.
② 대부분 정책결정자는 분석기법에 대한 전문성이 부족하고 관련 이슈에 대해 잘 모르기에 복잡한 절차를 적용한 분석내용을 이해하지 못하는 경우가 있다.
③ 대안분석은 기존판단을 뒤집기보다 최초 판단한 결과가 정확하다는 것을 재확인 하는 경우가 많다.
④ 대안분석기법은 자원집약적인 특성이 있지만 인원 및 시간의 낭비가 없다.

08. 정보분석시 분석관이 가져야 할 태도에 관하여 틀린 것은?
① 정보분석 과정 중 분석관은 항상 첩보에 관하여 의심을 갖는 태도를 가져야한다.
② 자신의 판단력을 신뢰하고 잘못된 분석과 실수를 인정해야 한다.
③ 첩보의 도착을 기다리지 말고 첩보부족시 적극적으로 수집해야 한다.
④ 다른 동료와 협업하고 주기적으로 공유하여 최신의 분석이슈와 분석개념을 이해한다.

09. 정보분석시 요건이 아닌 것은?
① 적시성　　　　　　　　　　② 명료성
③ 정확성　　　　　　　　　　④ 적합성

10. 미 정보기관 중 NRO에 대한 설명 중 틀린 것은?
① 국가정찰국은 국방부 소속이나 국가급정보기관이다.
② 국방부 부문정보기관으로 DIA의 통제만 받는다.
③ 군사정찰 위성, 정찰기 등을 운용하는 정보기관이다.
④ 최근에는 대량살상무기 확산 감시, 국제 테러리스트, 마약, 국제범죄조직의 추적을 위한 정보도 수집한다.

11. 다음 중 설명이 틀린 것은?
① 전통주의는 정책결정자가의 정보정책에 관여하는 것을 반대하며 반면 정보도 정책결정과 거리를 두어야 한다고 주장한다.
② 행동주의는 정책결정자가 정보정책 관여에 찬성하며 정보와 정책은 밀접한 공생관계를 유지해야 한다고 주장한다.
③ 기술학파는 기술정보분석을 강조하며 정보분석의 엄격한 객관성 및 중립성을 강조한다.
④ 기회분석학파는 정보분석의 중립성을 강조하며 정책결정자들과의 적절한 거리를 두어야 한다고 주장한다.

12. 다음 분석기구 유형의 설명 중 다른 것은?

① 분산형은 각 정보기관이 각각 수집 및 분석활동을 하는 유형이다.
② 중앙집중형은 수집기관이 첩보수집 후 중앙부서에 보고하여 중앙부서가 분석하는 유형이다.
③ 혼합형은 분산형과 중앙집중형의 절충형이다.
④ 혼합형시 TF팀을 운용할 경우 각 정보기관은 가장 우수한 분석자원을 파견하여 양질의 분석결과를 도출하는 강점이 있다.

13. 다음 중 손자의 오간 중 설명한 것에 해당하는 것은?

> 대상국에 파견되어 정보수집 후 복귀하여 보고하는 스파이로 오늘날 대부분의 정보요원에 해당한다.

① 생간　　　　　　　　　② 사간
③ 반간　　　　　　　　　④ 내간

14. 정보보고서 배포 원칙이 아닌 것은?

① 적시성　　　　　　　　② 적합성
③ 비밀성　　　　　　　　④ 명료성

15. 정보기관 통제의 종류가 아닌 것은?

① 행정부 통제　　　　　　② 감사원 통제
③ 입법부 통제　　　　　　④ 언론 통제

16. 정보기구 개혁 관련하여 옳은 설명은?
    ① 대통령제에서 내각책임제로 바꾸어서 정보기구를 개혁한다.
    ② 정보기구에 대하여 의회를 상·하원제로 구분하여 통제하는 것이 효율적이다.
    ③ 국가정보기관을 총리 소속으로 개편하면 독립성을 유지할 수 있다.
    ④ 정보환경변화에 따른 정보활동의 다양성을 지향하고 정보조직을 능동적으로 개편하여 효율성을 높힌다.

17. 미국의 정보기구 통제법령 중 틀린 것은?
    ① 정보감독법(1985년) ② 해외정보감시법(1978년)
    ③ 정보신원법(1982년) ④ 휴즈라이언법(1974년)

18. 북한의 대남공작 도발관련 연도별 올바르게 나열한 것은?
    ① 청와대 기습 - 영화배우 최은희신상옥납치 - 버마 아웅산폭파 - 대한항공 폭파
    ② 청와대 기습 - 버마 아웅산폭파 - 영화배우 최은희신상옥납치 - 대한항공 폭파
    ③ 영화배우 최은희신상옥납치 - 청와대 기습 - 버마 아웅산폭파 - 대한항공 폭파
    ④ 청와대 기습 - 영화배우 최은희신상옥납치 - 대한항공 폭파 - 버마 아웅산폭파

19. 다음의 해킹 내용은 어느 것인가?

    | DDos의 일종으로 네트워크를 통해 여러대의 컴퓨터가 한 시스템에 집중적으로 응답하게 하여 서버를 다운시키는 방법 |

    ① 스푸핑 ② 스머핑
    ③ 워너크라이 ④ 랜섬웨어

20. 세계 유명 마약 재배지역 관련 틀린 것은?
   ① 태국의 치앙마이 지역이 가장 활발하다.
   ② 아프가니스탄은 산악지역에 은밀히 재배하여, 세계 최대의 마약재배지이다.
   ③ 콜롬비아 산악지대는 여전히 남미 최대재배지이다.
   ④ 볼리비아 산악지대도 마약을 대량 재배하고 있다.

21. 해외 테러단체 중 아프가니스탄에서 활동하는 테러단체가 아닌 것은?
   ① 탈레반
   ② 무자헤딘
   ③ 무장혁명군(FARC)
   ④ 알카에다

22. 테러단체 및 테러지원국 지정 관련 설명 중 틀린 것은?
   ① 테러단체는 미국이나 한국 등 각국, UN에서 지정한다.
   ② 미국은 국무부장관이 법무부장관과 협의하에 테러단체를 지정한다.
   ③ 테러단체로 지정시에 미국내 자산이 동결되고, 단체 및 개인은 미국 입국이 거부된다.
   ④ 테러지원국은 미국, 한국 등 여러 국가에서 지정한다.

23. 미국의 애셜론에 대하여 틀리게 설명한 것은?
   ① 애셜론은 미국의 전세계 신호정보 감시체계로서 영연방 국가가 가입하여 협조체계를 이루고 있다.
   ② 애셜론에 영국이 최초로 가입한 후 추가 가입한 국가는 영연방 호주, 캐나다, 뉴질랜드, 남아공이다.
   ③ 애셜론에 가입한 '5Eyes'는 신호정보를 실시간 공유한다.
   ④ 한국에서 2003년 정부를 대상으로 애셜론에서 제공받은 정보를 공개하라며 소송을 한 적이 있다.

24. 다음 중 전환기 국가안보의 패러다임에 대한 설명 중 다른 것은?

① 국가안보의 다원적 구조로 인해 관리요소가 확장되고 있다.
② 각종 국제기구, NGO단체 등 새로운 영향력 있는 단체들이 등장하고 있다.
③ 글로벌기업의 등장, 세계의 글로벌화로 국경이나 경계의 모호성이 증대되고 있다.
④ 민주화로 국민의식이 고양되었으나 정보기관에 대한 통제시스템이 더욱 느슨해지고 있다.

25. 다음 정보기관 혁신의 필요성을 강조한 내용이 <u>아닌</u> 것은?

① 정보환경 변화에 따라 정보활동의 효율성 추진이 요구된다.
② 정보기관은 혁신과 함께 전통적 방식을 유지할 필요가 있다.
③ 정보실패와 불법성 등 부적절성에 대한 평가를 통해서 개선 발전해 나가야 한다.
④ 수시로 변화하는 국제질서에서 능동적인 정보수요가 증대됨에 따라 적절한 변화로 대응해야 한다.

2019 국가정보학 9급[전반기] 기출문제

01. 다음 중 정보에 대한 설명으로 올바르지 않은 것은?

① 정보는 정책적 목적을 갖고 분석 및 평가된 지식이다.
② 목적성을 갖고 의도적으로 수집된 사실이다.
③ 국가차원의 정책결정에 활용된다.
④ 기업이나 개인은 정보를 생산할 수 있다.

02. 다음 중 한국이 준비하고 있는 테러에 대한 설명으로 다른 것은?

① 1967년 태극훈련을 시작으로 테러에 대비하기 시작했다.
② 2016년 제정된 테러방지법에 따라 국가테러대책위원장은 국정원장이 맡고 있다.
③ 국정원은 2005년 테러정보통합센터를 개소하였다.
④ 경찰청은 외사국에서 대테러업무를 담당한다.

03. 다음 정보관에 대한 설명으로 다른 것은?

① 정보관은 정식채용자로 공무원 신분을 유지한다.
② 백색정보관은 타국에서 외교관신분을 유지하며 활동한다.
③ 정보관은 특정임무를 수행하기 위해 임시로 고용한다.
④ 흑색정보관은 타국에서 사업가나 이민자로 위장해 활동한다.

04. 다음 중 신호정보에 포함되지 않는 것은?

① 통신정보　　　　　　　② 전자정보
③ 핵정보　　　　　　　　④ 원격측정정보

05. 다음 중 공개정보에 대한 설명을 다른 것은?
① 공개정보의 가치는 낮다.
② 인터넷, 방송 등으로 수집한다.
③ 냉전시대에서는 여행자도 유용한 정보를 제공했다.
④ 민간기업에서 제공하는 정보도 공개출처에 해당한다.

06. 정보를 정의한 학자의 설명으로 올바르지 않은 것은?
① 셔먼켄트는 "정보는 지식이며 조직이며 활동이다."
② 마크 M. 로웬탈은 "모든 정보는 첩보에서 도출되지만, 모든첩보가 반드시 정보가 될 수는 없다."
③ 아브람 N. 슐스키는 "정보는 추론적이며 평가적인 지식이다."
④ 제니퍼 심슨은 "정보는 정책결정자나 정책시행자를 위해 수집되고 조직화, 분석된 지식이다."

07. 악마의 대변인에 대한 설명으로 다른 것은?
① 내부자의 반대를 파악하기 위한 가장 효과적인 방법이다.
② 반대를 위한 반대의견을 제시하도록 유도한다.
③ 집단사고를 방어하기 위한 목적에서 수행한다.
④ 동양보다는 서양에서 효과가 높은 방법이다.

08. 질적 분석기법에 해당되지 않는 것은?
① 역할연기 기법　　　　　② 의사결정나무 기법
③ 경쟁가설 기법　　　　　④ 델파이 기법

09. 셔먼켄트의 정보분석 9계명에 포함되지 않는 것은?
① 지적으로 엄밀해야 한다.
② 언어구사를 정확하게 하라
③ 분석적 과실을 인정하고 실수를 통해서 배워라
④ 정보분석은 개인적으로 책임져야 한다.

10. 다음 중 정보분석관의 오류에 포함되지 않는 것은?
① Group Think
② Layering
③ Swarm Ball
④ 늑대효과

11. 다음 중 비밀공작을 수행하기 전에 고려해야 하는 사항이 아닌 것은?
① 비밀공작 수행능력 검토
② 비밀공작이 실패할 위험
③ 비밀공작의 노출할 위험 평가
④ 비밀공작의 성공이후의 정책

12. 정보기관의 비밀공작 중 성격이 다른 것은?
① 암살공작
② 납치공작
③ 전복공작
④ 파괴공작

13. 미국의 비밀공작에 포함되지 않는 것은?
① 니카라과 반군 지원
② 아엔데정권 붕괴
③ 과테말라 좌파정권 붕괴
④ 팔레비 왕조 붕괴

14. 미국의 비밀공작에 포함되는 것은?

┌───┐
| ㉠ 이란-콘트라 사건   ㉡ 팔레비왕조 수립   ㉢ 피그스만 공격 |
| ㉣ 구즈만 정권 전복공작   ㉤ 이스라엘 라빈총리 암살 |
└───┘

① ㄱ ㄴ ㄷ   ② ㄴ ㄷ ㄹ
③ ㄱ ㄷ ㄹ   ④ ㄱ ㄹ ㅁ

15. 미국의 정보기관중에 성격이 다른 하나는?
① DMA   ② NSA
③ NIMA   ④ NGA

16. 다음 중 사이버보안에 대한 설명으로 다른 것은?
① 인터넷기술의 발달로 사이버보안은 점점 강화되고 있으며 점차 피해가 감소하고 있다.
② 보이스피싱과 같은 사이버범죄로 인해 국민들의 피해가 늘고 있다.
③ 사이버범죄의 피해규모는 막대하지만 공격자는 피해를 입지 않는다
④ 사이버보안을 확보하지 못하면 사회가 불신의 늪에 빠질 수 있다.

17. 국가정보기관의 방첩활동 목적에 포함되는 것은?

┌───┐
| ㉠ 국가안보에 기여   ㉡ 간첩색출   ㉢ 요인암살 |
| ㉣ 정치사찰   ㉤ 치안유지   ㉥ 암호개발 |
└───┘

① ㄱ ㄴ ㅂ   ② ㄱ ㄴ ㄷ
③ ㄱ ㄴ ㄹ   ④ ㄱ ㄴ ㅁ

18. 미국 정보기관 중에 국가정보장(DNI)를 보좌하는 곳은?
    ① CIA
    ② NIC
    ③ NSC
    ④ NSA

19. 다음 중 수동적 방첩활동에 포함되지 않는 것은?

    | ㉠ 통신보안 | ㉡ 컴퓨터보안 | ㉢ 정보원 감시 |
    | ㉣ 역용공작 | ㉤ 기만공작 | ㉥ 인원보안 |

    ① ㄱ ㄴ ㅂ
    ② ㄷ ㄹ ㅁ
    ③ ㄱ ㄹ ㅁ
    ④ ㄴ ㄹ ㅁ

20. 중국 공공안전부에 대한 설명으로 다른 것은?
    ① 공공안전부는 대테러 및 불법 무기거래 임무를 수행하지 않는다.
    ② 1949년에 설립, 소수민족의 독립운동을 진압한다.
    ③ 사회치안 범죄에 관련된 정보를 수집한다.
    ④ 국경감시, 출입국업무를 담당한다.

21. 세계적인 스파이 관련 설명 중 틀린 것은?
    ① CIA 고위관리 에임즈는 거액의 돈을 받아 KGB에 정보제공을 하였다.
    ② 조르게, 귄터기욤은 유명한 포섭된 스파이다.
    ③ 캠브리지 5인방은 사회주의 사상에 빠져 KGB에 포섭된 자발적 협조자들이다.
    ④ 엘리코헨은 아랍에서 첩보활동을 수행한 모사드 정보요원이다.

22. 국가정보기관의 기능에 포함되지 <u>않는</u> 것은?
① 국가정보기관은 적국으로부터 침입을 예방할 수 있는 정보위주로 수집하는 것에 중점을 둔다.
② 전통적인 군사안보보다는 경제안보에 대한 관심이 높아지고 있다.
③ 공개정보의 양이 폭발적으로 증가해 양질의 공개정보 수집활동 강화의 필요성이 증대되고 있다.
④ 국가체제의 혼란을 방지하기 위한 방첩활동도 중요해지고 있다.

23. 다음 정보활동의 실패요인에 대한 설명 중 다른 것은?
① 보안기술이 발전하면서 신호정보의 수집이 어려워졌다.
② 미국은 인권보호보다는 방첩활동의 효율성을 강조하고 있다.
③ 첩보위성의 발전에도 인간정보활동도 중요시되고 있다.
④ 감시활동이 강화되면서 테러리스트의 적발과 체포가 용이해졌다.

24. 다음 중 국가별 정보공동체의 임무를 조정하는 기관과 연결이 다른 것은?
① 미국 - DNI
② 영국 - 정보안보조정관
③ 중국 - 정법위원회
④ 일본 - 국가안전보장회의

25. 다음 중 북한의 정보기관에 대한 설명으로 다른 것은?
① 통일전선부는 대남공작 및 주요인사 암살을 수행한다.
② 국가안전보위성은 반탐활동을 담당한다.
③ 인민무력성 정찰총국은 대남 비밀공작을 수행한다.
④ 보위사령부는 군대 내 방첩활동을 담당한다.

2019 국가정보학 9급[후반기] 기출문제

01. 북한의 정보기구가 <u>아닌</u> 것은?
① 국가보안위원회(KGB)
② 보위사령부
③ 국가안전보위성
④ 정찰총국

02. 북한 대외정보부가 일으킨 사건이 <u>아닌</u> 것은?
① 영화감독 신상옥납치
② KAL기 폭파
③ 아웅산묘소 테러
④ 무하마드 깐수사건

03. 정보공개제도에 대하여 설명 중 다른 것은?
① 한국은 1998년 1월 1일부터 '공공 기관의 정보공개에 관한 법률'을 제정하여 시행하고 있다.
② 정보공개제도란 공공기관이 직무상 작성 또는 취득하여 관리하고 있는 정보를 국민의 청구에 의하여 열람·사본·복제 등의 형태로 공개하는 제도이다.
③ 각급 행정기관은 기관 홈페이지에 '정보공개' 메뉴이용이 검색가능하다.
④ 정보공개는 일부 공개를 제한한다.

04. 안보지원사령부 신고센터 번호는?
① 1337
② 1336
③ 111
④ 112

05. 다음 중 해외정보기구가 <u>아닌</u> 것은?
① FSB
② CIA
③ SVR
④ BND

06. 국방부 소속 기관이 <u>아닌</u> 것은?
① GRU(러시아 정보총국)
② AMAN(이스라엘 군정보국)
③ MAD(독일 군보안국)
④ MPS(중국 공공안전부)

07. 미국의 위성이나 항공기가 <u>아닌</u> 것은?
① Hexagon
② U-2
③ SR-71
④ Zenit

08. 다음의 내용을 설명한 분석기법은?

> 어떤 사안에 대하여 반대 입장을 취하는 사람을 선정, 분석관들이 실제로 예상되는 이슈에 대하여 하나하나 토론하면서 최선을 결과를 도출해 가는 기법으로 집단사고를 깨기 위한 방법으로 사용한다.

① 악마의 대변인
② 레드팀
③ 델파이 분석
④ 시나리오 전개기법

09. 다음 중 분석절차가 올바른 것은?

① 문제제기 - 가설설정 - 첩보수집 - 가설평가 - 가설선택 - 모니터링
② 문제제기 - 첩보수집 - 가설설정 - 가설평가 - 가설선택 - 모니터링
③ 문제제기 - 가설설정 - 가설평가 - 첩보수집 - 가설선택 - 모니터링
④ 문제제기 - 가설설정 - 첩보수집 - 가설선택 - 가설평가 - 모니터링

11. 손자병법 용간편에서 다각적으로 활용하는 가장 중요한 대상은?

① 반간 ② 오간구기
③ 내간 ④ 향간

11. 1급 비밀 취급 인가권자가 <u>아닌</u> 사람은?

① 병무청장 ② 국가인권위원회 위원장
③ 방송통신위원회 위원장 ④ 금융위원회 위원장

12. 다음 분석기법에 대한 설명 중 틀린 것은?

① Mirror imaging는 타인도 자신과 생각이 같을 것이라는 착각이다.
② Clientism는 고객과신주의, 스톨홀름 증후군이다.
③ Cry wolf effect는 늑대소년 효과로 부정확한 경고를 남발하는 것이다.
④ Layering은 확실한 기준과 첩보근거로 계속 분석해가는 것이다.

13. 다음 선전공작의 설명 중 설명이 다른 것은?

① 백색선전은 출처를 위장하지 않고 선전활동을 공개적으로 하는 것이다.
② 흑색선전은 출처를 은폐하며 허위정보나 기타 폭로시에 사용한다.
③ 외교문제의 발생소지가 있기 때문에 활용하는 것은 회색선전이다.
④ 회색선전은 출처를 숨기지도 그렇다고 공개하지도 않은 불투명한 상태에서 전개하는 선전활동이다.

14. 인간정보에 대한 설명을 다른 것은?

① 인간정보는 가장 오래된 첩보수집유형으로 현재까지 모든 국가에서 활용한다.
② 인간정보는 타 수집수단에 비하여 비용이 다소 절감되며 신뢰도가 가장 낮다.
③ 인간정보는 상대세력의 계획이나 의도를 직접 확인 할 수 있는 장점이 있다.
④ 기술정보수집이 제한되는 지역에서 활용시에 매우 유용하다.

15. 비밀분류에 대한 설명 중 틀린 것은?

① 비밀은 1급, 2급, 3급으로 분류한다.
② 1급은 누설시 전쟁이 유발될 수 있는 것이다.
③ 2급은 누설시 국가안전보장에 막대한 지장을 초래한다.
④ 3급은 누설시 국가안전보장과 안보정책에 영향을 미친다.

16. 보안 종류에 해당되지 않는 것은?

① 시설보안   ② 인원보안
③ 통신보안   ④ 조직보안

17. 레바논에서 조직된 테러단체는?

① 유일신당　　　　　　　② 이슬람 지하드
③ 헤즈볼라　　　　　　　④ 무자헤딘

18. 다음 사이버테러 소프트웨어 공격방법 중 설명이 틀린 것은?

① 스파이웨어는 컴퓨터에 침입해 개인정보를 빼가는 소프트웨어이다.
② 트로이목마는 허가되지 않는 접근을 가능케하는 악성프로그램이다.
③ 스미싱은 문자메시지(SMS: Short Message Service)와 낚시(Fishing)의 합성어이다.
④ 파밍은 문자메시지와 낚시(Fishing)의 합성어이다.

19. 공작원과 협조자에 대해 설명한 내용 중 틀린 것은?

① 공작원은 실제 사용된 경비 외에는 받지 않는다.
② 공작원은 정식요원이 아니며 공작관에 의해 고용된 관계이다.
③ 협조자는 자발적으로 공작원의 첩보수집활동이나 기타 비밀공작을 도와주는 사람이다.
④ 공작원이나 협조자는 임무가 종결되면 자동적으로 관계를 종료된다.

20. 이라크 대량살상무기(WMD)관련 정보실패 중 가장 큰 이유로 적절한 것은?

① 역정보　　　　　　　　② 판단의 왜곡
③ 정보의 정치화　　　　　④ 고객과신주의

21. 정보분석 과정에서의 요건이 아닌 것은?

① 적시성　　　　　　　　② 적합성
③ 간결성　　　　　　　　④ 명료성

22. 정보분석관의 태도로 가장 옳은 것은?
① 변화하는 것에 맞춰 계속해서 새롭게 분석하되 완전성을 가진다.
② 이전에 성공한 경험만을 참고하여 그것을 적용하여 분석한다.
③ 정보분석간에 정책결정자의 선호를 파악하여 분석한다.
④ 정책결정자의 선호와 관계없는 객관성을 가지고 분석한다.

23. 다음 중에 국내정보수집기관이 <u>아닌</u> 것은?
① Shinbet   ② BFV
③ NRO   ④ DGSI

24. 신호정보에 대한 설명으로 틀린 것은?
① 신호정보는 통신정보, 전자정보, 외국기기 신호정보, 원격측정정보 등이 있다.
② 제2차세계대전 이후로 적의 정보를 수집하는 가장 중요한 수단이 되고 있다.
③ 현재 테러리스트 추적 및 감시에 신호정보 수집이 쉬워지고 있다.
④ 애쉴론(ECHELON)은 전세계를 대상으로 수집하는 미국의 대표적인 신호정보 수집시스템이다.

25. 다음 정보에 대한 설명 내용 중에 틀린 것은?
① 전략정보는 국가차원에서 장기적이고 포괄적이며 국가안전보장에 필요한 국가정책을 수립하는데 긴요한 정보이다.
② 작전정보는 국방정보의 상위개념으로 모든 군사작전을 위해 필요한 정보이다.
③ 전술정보는 군사작전에 필요한 모든 군사관련 정보를 의미한다.
④ 국방정보는 개념적으로 국가정보의 하위개념으로 국가안보에 필요한 모든 군사정보를 포함한다.

2020 국가정보학 7급 기출문제

01. 다음 중 아래 내용에 대한 차이점에 대한 설명으로 맞는 것은?

| ㉠ Intelligence　　　　㉡ Information |

① 정보는 수집자료를 편집정리한 자료이고, 첩보는 평가되거나 가공되지 않은 사실이다.
② 첩보의 예는 사진, 대화기록, 역사적 사실 등이고, 정보의 예는 신문, 뉴스 등이 해당한다.
③ 첩보는 목적성을 가지고 수집한 자료이고, 정보는 분석 평가 과정을 거쳐서 타당성을 검증한 자료이다.
④ 정보나 첩보 모두 정책결정단계에서 모두 활용이 가능한 자료이다.

02. 다음 중 정보의 질적 요건에 대하여 잘 설명한 것은?
① 적시성은 그 첩보가 얼마나 사실에 부합하는지에 대한 요건이다.
② 적합성은 필요한 시기에 지원이 가능해야 한다.
③ 정확성이 좀 없더라도 분석과정을 통해서 양질의 정보가 나올 수 있다.
④ 객관성이 확보되지 않으면 정보가 정책결정자의 도구로 전락할 수 있다.

03. 다음 정보분석기법 내용 중 알맞게 설명한 것은?
① 베이지안 기법은 여러 분석관들의 의견을 수렴하여 주관적 판단의 위험을 최소화하여 객관적인 판단이 가능하다.
② 브레인스토밍은 분석과제를 놓고 다수 전문가에게 각각의 협상 주체 역할을 담당하여 연기를 진행하면서 결과를 근거로 분석하는 기법이다.
③ 의사결정나무 기법은 국가가 선택할 정책방향을 예측하고 향후 전개방향을 전망하는 데 사용한다.
④ 행렬분석은 실제모형과 대안을 만들어서 반복 작동시킴으로서 문제점과 해결책을 찾아내는 방법이다.

04. 다음 내용 중 잘못 설명된 것은?
① 국가보안상 중요한 업무를 수행하는 인원은 성실하고 충성심이 강한 자를 선발해야 한다.
② 국가의 중요한 비밀에 접근하는 권한을 취득할 사람을 보호하고 관리해야 한다.
③ 국가기밀취급자에 대한 보안교육은 보안누설에 대한 경각심을 일깨우고 충성심을 제고하는 데 목적이 있다.
④ 국가기관이 생산하는 모든 문서는 국민의 알권리 충족을 위해서 모두 공개하는 게 맞다.

05. 다음 중 신호정보에 해당하지 않는 것은?
① 통신정보　　　　　　　　② 전자정보
③ 적외선정보　　　　　　　④ 원격측정정보

06. 다음 정보순환 중 첩보 처리 및 탐색에 대한 설명 중 맞는 것은?
① 첩보처리는 수집된 첩보를 1차 평가하여 분석 가능토록 가공한다
② 처리된 수집내용을 종합 분석하는 단계이다.
③ 정보수집계획에 의거하여 첩보수집을 하는 과정이다.
④ 첩보처리는 수집하는 부서가 담당한다.

07. 미국의 이라크 전쟁에 대한 정보실패 및 오류 중 가장 적절한 것은?
① 국익을 위한 정보조작
② 정보왜곡 및 정보정치화
③ 이라크의 선전공작
④ 정보판단 실패

08. 다음 중 북한의 도발 순서를 연도별로 잘 정리한 것은?

㉠ 1.21사태
㉡ 아웅산묘소 폭파사건
㉢ KAL기 납북사건
㉣ 육영수여사 저격사건

① ㉡ - ㉣ - ㉢ - ㉠
② ㉠ - ㉢ - ㉣ - ㉡
③ ㉠ - ㉢ - ㉡ - ㉣
④ ㉢ - ㉠ - ㉣ - ㉡

09. 다음 중 비밀의 분류에 대하여 잘못된 것은?

① 1급비밀은 누설시 외교단절 및 전쟁을 유발하는 비밀이다.
② 2급비밀은 누설시 국가안전보장에 막대한 지장을 초래하는 비밀이다.
③ 3급비밀은 누설시 국가안전보장에 심대한 지장을 끼칠 우려가 있는 비밀이다.
④ 비밀외에 직무수행상 특별히 보호가 필요한 사항은 대외비로 분류하여 비밀에 준하여 관리한다.

10. 다음 중 인원보안에 해당하는 것은?

㉠ 동향파악
㉡ 신원조사
㉢ 심리검사
㉣ 보안교육

① ㉠, ㉢, ㉣
② ㉠, ㉡, ㉣
③ ㉠, ㉡, ㉢
④ ㉡, ㉢, ㉣

11. 다음 정보의 순환과정 6단계에 해당되지 않는 것은?

① 환류(Feedback)
② 분석 및 생산
③ 정보수집
④ 상호소통

12. 냉전시기 산업정보의 역할에 대하여 설명한 것 중에 가장 적절한 것은?
① 냉전시기에도 산업정보활동에서 처벌 등이 매우 엄격하였다.
② 냉전시기에 산업정보활동이 군사정보 못지않게 중요하게 다루었다.
③ 산업정보활동과 관련하여 동맹관계에서도 매우 적대적인 방법들이 사용되었다.
④ 냉전시기에는 산업정보 및 산업보안을 중요하게 생각지 않았으며 큰 관심을 두지 않았다.

13. 다음 중 국가안보 및 국가차원에서 대응하며 다루어지는 사이버관련 행위는 무엇인가?

> ㉠ 사이버전   ㉡ 네트전   ㉢ 사이버테러   ㉣ 사이버범죄

① ㉠ - ㉣
② ㉠ - ㉡
③ ㉢ - ㉣
④ ㉠ - ㉢

14. 다음 정보요구에 대한 설명으로 다른 것은?
① PNIO는 국가정보기관이 국가의 정책수립과 실행에 관련된 정보의 요구에 의해 우선순위를 결정하는 것이다.
② EEI는 PNIO에 근거하여 해당기관의 첩보수집활동을 위해 수립하는 세부적인 지침이다.
③ EEI에도 OIR을 근거하여 작성할 수 있다.
④ OIR은 급변하는 정세변화에 의해 정책의 수정 필요성이 있을시에 작성한다.

15. 다음 중 시계열에 의한 분류에 포함되지 않는 것은?
① 현용정보
② 기본정보
③ 정보분석
④ 판단정보

16. 다음 중 국가보안법에 대한 설명 중 다른 것은?

① 국가보안법은 1948년 12월 1일 대한민국 내에서 자유 민주적 기본질서를 위태롭게 하는 반국가 단체의 활동을 규제하기 위해 제정한 법률이다
② 반공법은 반국가 행위 중에서 공산계열의 활동과 관련된 내용을 규제할 목적으로 1961년에 제정되었으나, 1980년 12월 31일 반공법의 주요내용이 국가보안법에 통합되어 반공법이 폐지되었다.
③ 반공법은 여전히 대한민국법령으로 존재하며 개인의 간첩행위에 대한 처벌도 이 법령을 준용한다.
④ 반국가단체라 함은 정부를 참칭(僭稱)하거나 국가를 변란(變亂)할 것을 목적으로 하는 국내외의 단체를 말하며, 북한 노동당 및 재일조총련 등이 이에 해당된다.

17. 다음 중 우리나라 국회의 정보통제에 대한 설명 중 다른 것은?

① 국회 정보위원회를 통하여 정보기관을 통제한다.
② 국회의 통제는 예산통제, 청문회 등이 있다.
③ 정보위원회의 회의는 비공개로 진행하나, 국민의 알권리 충족을 위해서 필요시 공개한다.
④ 국가정보원의 예산심사는 비공개로 하며, 국정원장은 국가기밀에 관하여 답변을 거부할 수 있다.

18. 다음에 해당하는 공작행위는 무엇인가?

> 정보기관 주도하에 대상국의 군사무력을 이용하여 직접적인 군사공격을 전격적으로 단행하는 가장 폭력성이 높은 행위로서, 비밀공작과 저강도전쟁의 경계선에 있다.

① 선전공작
② 정치공작
③ 전복공작
④ 준군사공작

19. 다음 중 영상정보의 수집수단이 아닌 것은?
① Corona호
② Zenit호
③ SAR
④ Falcon 2000

20. 다음 방첩수사와 관련된 내용 중 다른 것은?
① 방첩수사는 간첩행위 의심자, 간첩행위자를 대상으로 수사하는 것이다.
② 방첩수사는 단순히 간첩을 체포하는 것이 아니라, 원칙적으로 차단 및 무력화하여 일망타진에 중점을 둔다.
③ 방첩수사는 명백한 증거의 확보만을 위해서 중점을 둔다.
④ 방첩수사는 범죄행위가 시행되기 전에 정밀한 감시를 통해 이루어진다.

21. 다음 중 공개정보 수집 대상 및 방법이 아닌 것은?
① 정부기관 정기 간행물을 구독한다.
② 유무선 장비를 이용하여 개인 전화 통화내용을 감청한다.
③ 중요 인물에 대하여 인터뷰하여 자료를 획득한다.
④ 각종 학술세미나에 참가하여 학술정보자료를 수집한다.

22. 다음 중 정보분석 방법에 대하여 설명이 다른 것은?
① 자료형의 분석방법을 모자이크 이론이라고도 한다.
② 수집된 첩보만을 근거로 하여 분석하는 기법을 자료형 분석 방법으로 본다.
③ 개념형 분석방법는 분석과정에서 단계적으로 검증해 가면서 분석의 정확도를 높인다.
④ 개념형 분석방법은 주로 기술정보에 의존하며 선호한다.

23. 다음 중 테러리즘에 대한 설명 중에 틀린 내용은?
    ① 뉴테러리즘은 조직의 1인사를 제거하면 테러 조직이 바로 와해되는 현상을 보인다.
    ② 징고이즘은 배타적 애국주의와 민족주의가 결합된 이념의 형태이다.
    ③ 쇼비니즘은 폐쇄주의 및 배타적 애국주의 이념으로 다른 문화나 사회집단을 배척한다.
    ④ 내셔널리즘은 국가이익을 국민의 이익보다 앞세우는 국가중심 성향이 강하다.17.

24. 다음 중 인간정보의 수단 중 성격이 다른 하나는?
    ① 상사 주재원   ② 정(첩)보원
    ③ 협조자   ④ 공직가장

25. 다음 중 북한 정보기구에 대한 설명으로 알맞은 기관은?

    ㉠ 북한군내 방첩 및 사찰, 동향감시
    ㉡ 군대안의 주민등록 사업

    ① 보위사령부   ② 문화교류국
    ③ 통일전선부   ④ 인민보안성

2020 국가정보학 9급 기출문제

01. 다음 중 제임스 올슨의 방첩 10계명이 <u>아닌</u> 것은?
① 수동적으로 행동하라
② 절대로 포기하지 마라
③ 방첩역사를 이해하라
④ 한곳에 오래 머무르지 마라

02. 다음 중 국가정보 분류에 대한 것으로 옳지 <u>않은</u> 것은?
① 사용목적에 따라 정책정보와 보안정보로 분류하며 보안정보는 국가보안에 위협되는 사항이 포함된다.
② 대상지역에 따라 국내정보와 해외정보로 구분하며 기준은 발생지역이 아닌 발생하는 공간을 기준으로 분류한다.
③ 요소로는 정치, 경제, 군사, 사회, 과학기술정보 등과 환경, 사이버, 자원정보도 있다.
④ 분석형태에 따라 기본정보, 현용정보, 판단정보로 분류하며 기본정보는 정보대상에 대한 틀을 형성하는 구조적이며 기초적인 내용에 대한 정보이다.

03. 다음 중 군 소속이지만 독립적인 민간기구로 경제관련 정보수집에 중점을 두고 있는 기관은?
① DGSE
② 정찰총국
③ DIH
④ 안보지원사령부

04. 셔먼켄트 학자가 주장한 정보의 정의에서 포함되지 <u>않는</u> 것은?
① 무기
② 지식
③ 활동
④ 조직

05. 정보기관의 제도적 통제기관으로 분류되지 않는 것은?

① 국회
② 국가안전보장회의
③ 사법부
④ 언론기관

06. 각 국의 군사정보기관 설명 중 옳은 것으로만 묶인 것은?

> (가) 방위성 정보본부는 일본 총리 직속의 정보기관이며, 총리의 통제를 받는다.
> (나) 중국 연합참모부 2부와 3부는 인간정보, 영상정보를 수집할 뿐만 아니라 보고서도 작성한다.
> (다) FSB는 소련 KGB에서 분리되어 해외정보 부문을 담당하고 있다.
> (라) GRU는 1918년 창설된 이후 큰 변화 없이 유지되어 오고 있다.

① (가), (나)
② (나), (다)
③ (나), (라)
④ (가), (나)

07. 유럽국가의 정보활동의 역사 중 옳지 않은 것은?

① 프랑스는 르네상스 시기를 지나 절대왕정 시기에 왕실보호, 귀족동향 감시를 위해 정보기관을 설치, 운영됐다.
② 영국은 월싱햄이 근대적 정보기관을 창설, 왕권수호에 기여하였다.
③ 제1차 세계대전 때는 무선 감청 및 항공 영상 촬영을 거의 하지 않았으나, 제2차 세계대전 말부터 활발히 이용하기 시작했다.
④ 1909년 영국이 창설한 국가적 수준의 정보기관은 비밀정보국(SSB)이다.

08. 일본의 방위성 산하 정보수집 기관으로, 군사정보를 수집하는 기관은?

① DIH
② DI
③ DRM
④ Aman

09. 다음 중 CIA가 9.11테러이후 대처한 내용으로 틀린 것은?

① 2001년 9.11테러사건에 대한 테러방지 실패규명을 위해 9.11 테러조사위원회에 CIA를 포함한 전문가 집단을 출범시켰지만, 별다른 성과가 없었다.
② CIA직원이 테러와 관련된 정보보고를 올렸지만, 지도부에서 심각하게 받아들이지 않고 간과하였다.
③ 조지 테닛 당시 CIA 국장을 비롯한 지도부가 9.11테러를 일으킨 알카에다 조직의 위협에 맞서도록 준비하는 데 실패했다.
④ 9.11테러와 관련하여 CIA와 FBI가 상호간 갈등하여 정보공유 미실시와 협조실패로 테러를 예방하지 못했다.

10. 다음 정보분석기법 중 옳지 않은 것은?

① 질적분석은 직관적인 통찰과 수집내용을 이론화 및 추론화하여 분석하며, 양적분석은 경험적 자료와 계량화 현상을 통계적으로 분석하는 것이다.
② 경쟁가설기법은 상호 우열을 가리기 어려운 경합관계에 있는 복수 이상의 가설과 첩보들을 동일조건에서 동시에 평가해 상대적 우월성을 확인한다.
③ 악마의 대변인은 어떤 사안에 반대입장을 취하는 사람을 선정, 예상되는 이슈에 하나하나 토론하여 최선의 결과를 도출해 간다.
④ A팀대 B팀 분석기법은 동일한 이슈에 대하여 한 팀이 분석을 마무리하면 다른 팀이 분석을 재수행 하는 것이다.

11. 정보사용자와 정보생산자와의 관계 설명 중 옳지 않은 것은?

① 미국 고위관료는 대부분 CIA의 자료를 신뢰하지 않는다.
② 정보사용자는 정보생산자를 위해 계속적으로 필요한 지침을 제시해주어야 한다.
③ 정보생산자는 정보사용자와 적절한 협조를 통해서 사용자의 신뢰를 얻고 정책결정에 도움이 되어야 한다.
④ 정보생산자는 정책에 대한 조언자로서의 역할을 수행해야 하나 정책결정의 중심에서 분리되어야 한다.

12. 정보 분석관의 내적오류가 아닌 것은?
   ① 집단사고(Group think)
   ② 미러이미지(Mirror image)
   ③ 인정된 견해(Recived Opinion)
   ④ 인지부조화(Cognitive dissonance)

13. 다음 중 유럽의 정보기관 중 군사정보기관이 아닌 것은?

㉠ DRM　㉡ GCHQ　㉢ MAD　㉣ DGSI

   ① ㉠ - ㉡
   ② ㉡ - ㉢
   ③ ㉡ - ㉣
   ④ ㉠ - ㉢

14. 다음 중 기술정보와 관련된 내용 중 옳지 않은 것은?
   ① 미국은 상업위성을 통해서 정보를 생산하지만, 공개할 수 없도록 제도적으로 통제하고 있으나, 필요시 허가 받은 후 특정 국가의 고화질 영상을 구매하기도 한다.
   ② 모든 영상정보는 확실하고 분명한 첩보로 신뢰성이 높아 별도의 분석이 필요하지 않다.
   ③ 한국이 도입한 글로벌 호크에는 미사일을 탑재할 수 있다.
   ④ 무인정찰기 프레데터로 유인항공기가 수집하기 힘든 지역에 대하여 영상정보를 수집한다.

15. 다음 중 이스라엘의 정보기관의 기능으로 다른 것은?
   ① LAKAM - 암호 및 신호정보수집
   ② Mossad - 해외정보 및 비밀정보활동
   ③ Aman - 군사정보 수집
   ④ Shin Bet(Shabak) - 국내보안 및 방첩

16. 다음 중 정보실패에 대한 내용 중 틀린 것은?
   ① 정보실패는 국가정보기구가 국가안보나 국가이익에 결과적으로 손해를 끼치는 상황을 말한다.
   ② 정보실패 중에 경고실패는 조기경보 실패, 즉 정보배포 실패도 포함된다.
   ③ 정보실패로는 진주만기습 등이 있다.
   ④ 정보실패는 분석관만 책임진다.

17. 다음 중 백색정보관과 흑색정보관에 대한 설명 중에 틀린 것은?
   ① 흑색정보관은 주재국 정부로부터 주목받지 않고 자신의 신분을 위장하여 파견된 직원이다.
   ② 공무원 신분으로 파견된 정보관을 백색정보관이라고 하며, 신분을 공개하지 않고 파견한 인원을 흑색정보관이라 한다.
   ③ 백색정보관은 주재국의 집중 감시대상자로 신분발각의 위험성이 있다.
   ④ 흑색정보관은 외교적 면책특권을 적용받는다.

18. 다음 산업정보와 관련된 내용이 아닌 것은?
   ① 탈냉전이후 국가안보에서 경제력의 중요성이 부각되면서 경제 안보에 관심이 집중되었다.
   ② 냉전시기보다 산업정보의 활동이 점차 부각되었다.
   ③ 산업정보의 활동영역이 국제협정, 민간기업경쟁력, 지적재산권 보호 범위까지 확대되고 있다.
   ④ 산업정보관련 탈냉전이후 산업 보안의 중요성이 각국간에 점차 감소하고 있다.

19. 다음 중 정보기관의 정보실패에 해당되는 것은?

> 1973년 이집트와 시리아의 공격징후를 모사드가 수집, 경고 하였으나, 이 경고를 무시한 군정보기관 아만과 총리의 오판으로 전쟁에 대비하지 못하여 기습공격을 당하였다.

① 손타이작전
② 3차 중동전쟁
③ 욤키푸르 전쟁
④ 2차 중동전쟁

20. 다음 우리나라 정보기관의 발전에 대한 설명 중 틀린 것은?
① 한국은 전통적으로 군사정보 수집에 주력하였으며, 그 능력이 크게 발전해왔다.
② 민족의 단결과 정부의 노력으로 단계적인 정보기구의 발전을 가져왔다.
③ 한국 정보기관의 초창기는 대부분 군 정보인력들이 주축이 되었으며, 정보기관의 발전에 큰 영향을 미쳤다.
④ 우리나라 정보기관은 일본 정보기구의 도움을 받아 발전했다.

21. 다음 중 비밀의 보호에 관한 내용 중 틀린 것은?
① 비밀은 사문서와의 공문서로 구분되며, 공문서만 비밀의 등급에 따라 분류하여 보관한다.
② 모든 비밀은 생산기관이 적절하게 보호기간을 분류한다.
③ 비밀의 보호기간은 접수부서에서도 지정할 수 있다.
④ 비밀의 배포는 배포선에 따라 정확하게 전달해야 한다.

22. 다음 중 보안업무와 관련하여 다른 것은?

① 일반행정부처에서 보안정보를 수집하기 때문에 보안은 정보기구의 업무가 아니다.
② 인원보안은 신원조사, 동향파악, 보안교육, 보안서약이 있으며 동향파악은 주요인물이나 대상자의 신상 변화를 끊임없이 모니터링한다.
③ 모든 보안업무는 보안업무규정에 준수하여 업무를 처리한다.
④ 신원조사는 신규 임용되는 공무원들을 대상으로 비밀취급인가 등을 위해 조사한다.

23. 다음 중 국가정보학의 발전에 저해되는 내용 중 적절치 <u>않은</u> 것은?

① 국가정보활동을 정치화 및 권력활동의 일환으로 활용하여 부정적 인식이 강하다.
② 국가정보활동의 비밀성으로 공개 토론과 소통에 제한이 있다.
③ 국가정보학의 법적 및 제도적 접근의 제한이 있다.
④ 민주화 발전으로 국가정보의 비밀성을 제대로 보호하지 못하고 있다.07

24. 정보와 정책의 관계로 알맞게 연결된 것은?

㉠ 독립성설　　㉡ 공생관계설　　㉢ 유기적조화설　　㉣ 쌍방관계설

① ㉠ - ㉡ - ㉢
② ㉠ - ㉡ - ㉣
③ ㉡ - ㉢ - ㉣
④ ㉠ - ㉢ - ㉣

25. 다음 중 비밀공작 및 비밀정보수집과 관련된 내용으로 다른 것은?

① 공개첩보 위주로 보고서를 작성하지만 정보기관은 비밀정보를 수집하는데 주력한다.
② 비밀공작은 제3의 방안이라고도 한다.
③ 비밀공작은 외교적으로 해결하지 못할 때 사용한다.
④ 이스라엘 정보기관중 Shabak은 비밀공작활동을 담당한다.

| 13 | 2021 국가정보학 7급 기출문제

01. 다음 중 PNIO에 대한 설명 중 다른 것은?
   ① 결정된 PNIO는 중간에 임의로 조정 할 수 없다.
   ② 국가정보기관이 국가의 정책수립과 실행을 위해 필요한 정보수집에 대한 지침이다.
   ③ PNIO는 NSC의장이 선정한다.
   ④ PNIO는 각 정보기관들과 협조하여 최종 선정한다.

02. 다음 중 IMINT에 대한 설명 중 다른 내용은?
   ① 영상정보 수집수단으로 무인정찰기 중에서는 글로벌호크(RQ-4), 프레데터(RQ-1)등이 있다.
   ② 수집장비로 레이다, 적외선(IR)-전자광학(EO)카메라 장비 등이 있다.
   ③ 영상으로 수집한 내용은 누구나 쉽게 판독이 가능하다.
   ④ 영상정보는 순간을 포착하는 정보이므로 전후 관계 파악이 어렵다.

03. 다음 중 공격대상이 다른 것은?
   ① 스푸핑
   ② 전자폭탄(EMP)
   ③ 랜섬웨어
   ④ 트로이목마

04. 다음 우리나라의 국가정보원과 같은 중앙집중형 정보기구가 없는 나라는?
   ① 중국
   ② 러시아
   ③ 미국
   ④ 일본

05. 다음 중 비밀공작과 관련한 내용 중 다른 것은?
① 비밀공작은 국가이익과 국가안보를 위하여 정보기관에서 수행하는 행위이다.
② 비밀공작은 비공개를 원칙으로 하지만 차후에 공개할 수도 있다.
③ 미국의 경우 대통령의 승인을 받았다면 의회에 통보하지 않아도 된다.
④ 비밀공작은 선전공작, 정치공작, 경제공작, 전복공작, 준군사공작 등이 있다.

06. 다음 방첩수사와 관련하여 적절치 않은 것은?
① 범죄요건 갖추기 이전에는 방첩수사를 할 수 없다.
② 방첩수사는 내국인들 대상으로 할 수 있다.
③ 형법 제98조에는 간첩행위를 적국을 위한 간첩으로 규정하고 있어 외국인에 대한 간첩행위의 처벌은 모호한 부분이 있다.
④ 제국익문사는 대한제국의 방첩기관이다.

07. 산업기술보호와 관련된 내용 중 옳지 않는 것은?
① 산업기술보호와 관련된 법률은 '산업기술 유출 및 방지에 의한 법률' 이다.
② 군사안보지원사령부는 방위산업뿐만 아니라 국가의 중요한 산업기술을 전반적으로 관리한다.
③ 국가정보원에서는 산업기술보호를 위해 산업기술보호센터를 설치, 운영한다.
④ 산업기술은 국가나 공공기관의 기술뿐만 아니라 민간기업의 산업정보도 포함한다.

08. 다음 중 시간기준으로 정보보고서를 분류할 때 나머지 다른 하나는?
① 고위정보정책요약(SEIB)
② 국가일일정보(NID)
③ 국방정보평가(DIA)
④ 군사정보요약(MID)

09. 다음 중 능동적 방첩 및 수동적 방첩과 관련된 법률내용 중 성격이 다른 하나는?
① 국가보안법
② 국가정보보안기본지침
③ 방첩업무규정
④ 테러방지법

10. 다음 중 북한의 국가보위성의 임무 중에 다른 것은?
① 해외정보를 수집하고 비밀공작을 수행한다.
② 국내방첩 및 불순분자를 차단 감시한다.
③ 남한과 교류업무를 수행한다.
④ 민간인 사찰 및 정치사상범을 관리한다.

11. 다음 정보수집 분류 중 내용 중 다른 것은?
① 정보수집은 공개와 비밀로 구분한다.
② 비밀정보에는 인간정보와 기술정보가 있다.
③ 공개적으로 수집한 정보를 공개출처정보라고 한다.
④ 비밀정보가 주된 수집수단이다.

12. 다음 통신제한조치에 대한 내용 중 다른 것은?
① 대통령령이 정하는 정보수사기관장은 국가안전보장에 위험이 예상되는 경우 대테러활동에 필요한 경우에 한하여 통신제한조치를 할 수 있다.
② 긴급통신제한조치시는 지정해진 규정에 의해 대통령의 승인을 얻어야 하며 36시간내 대통령의 승인을 얻지 못할시 지체없이 긴급통신제한조치를 중지해야 한다.
③ 국가안보를 위협하는 음모행위, 심각한 위험을 야기할 수 있는 중대한 범죄행위 계획이나 실행 등 긴박한 상황이 있고 통신제한조치 허가요건을 구비하지 않아도 긴급한 사유가 있는 때에는 법원의 허가없이 통신제한조치를 할 수 있다.
④ 대한민국에 적대하는 국가, 반국가활동의 혐의가 있는 외국기관, 외국인, 대한민국의 통치권이 사실상 미치지 아니하는 한반도내의 집단이나 외국에 소재하는 그 산하단체 구성원의 통신제한조치는 서면으로 대통령의 승인을 얻어야 한다.

13. 다음 중 대안분석기법으로 맞는 것은?

> 어떤 사안에 대하여 반대입장을 취하는 사람을 선정, 토론을 통해 최선의 결과를 얻어내며 집단사고를 깨기 위한 기법으로 고착된 견해를 변화시키는데 효과적이다.

① A팀 대 B팀　　　　　　　② 붉은세포역할
③ 악마의 대변인　　　　　　④ 핵심전제조건

14. 다음 사이버보안과 관련된 내용 중 다른 것은?
① 한국은 2002년부터 사이버범죄, 사이버테러, 사이버전으로 구분하여 대응하고 있다.
② 군 정보통신분야 보안은 사이버작전사가 담당한다.
③ 사이버전은 정보전 및 네트전으로 구분한다.
④ 합참의장이 인포콘을 관리한다.

15. 다음 중 역용공작과 관련된 내용이 <u>아닌</u> 것은?
① 울트라작전　　　　　　　② 더블크로스
③ 닭모이　　　　　　　　　④ 피그스만 침공

16. 민주사회에서 정보기구는 효율성, 통제성의 문제가 서로 대립한다. 효율성과 통제성을 위한 정보기구의 방향으로 틀린 것은?
① 국가정보체계의 효율성을 제고하고 정보역량을 강화를 위해 제도를 개혁해야 한다.
② 국가정보목표우선순위를 재조정한다.
③ 정보기구는 의회에 예산을 요구하고 의회는 정보기구의 예산을 강력하게 통제해야 한다.
④ 중앙집중형분석기구를 통하여 첩보출처를 종합, 중앙분석체제를 통해 효율성을 증대시킨다.

17. 다음 중 프로파간다(propaganda)의 설명으로 옳지 않은 것은?
   ① 사실에 근거했을 때 가장 효과적이다.
   ② 잘못 활용 시 'Blow back 현상'을 야기 시킬 수 있다.
   ③ '프로파간다' 용어는 종교에 관련된 어원으로 시작되었다.
   ④ 냉전시기랑 제2차세계대전시 가장 많이 활용하였다.

18. 다음에 정보역사에 대하여 틀린 것은?
   ① 무선통신기술 발전으로 전쟁에서 정보의 역할이 점차 증대되었다.
   ② 영국은 19세기 후반에 비밀정보국(SSB)을 창설, 방첩과 해외정보를 담당하였다.
   ③ 19세기 러시아는 국가주도의 정보기관 '오흐라나'를 설치, 비밀경찰의 임무를 수행했다.
   ④ 1941년 진주만의 공격으로 미국은 CIA를 창설하였다.

19. 다음 중 비밀공작으로 옳은 것은?
   ① 비밀공작 종류로 선전, 정치, 경제, 전복, 준군사공작이 있다.
   ② 비밀공작은 대외정책 목표와 일치하지 않아도 된다.
   ③ 비밀공작은 정부부처에서도 수행 할 수 있다.
   ④ 비밀공작은 국가정보기구의 유일한 활동이다.

20. 다음 중 정보와 정책에 대한 설명 중 다른 것은?
   ① 정보가 정책을 이끈다.
   ② 국가정보는 정책과정을 지원하는 역할을 한다.
   ③ 정보와 정책은 밀접한 공생관계를 유지해야 한다는 것은 행동주의이다.
   ④ 정보와 정책은 거리를 두어야 한다는 것이 전통주의이다.

21. 다음 중 정보소비자의 오류가 <u>아닌</u> 것은?

① 정보기관이 아닌 자신의 사적인 보고를 선호한다.

② 정보기관을 불신하여 보고를 신뢰하지 않고 분석관을 무시한다.

③ 자신의 정책에 지지하지 않거나 부합되지 않는 보고는 무시하는 경향이 있다.

④ 정보소비자가 선호하는 양적분석 정보를 적극적으로 요구하는 경향이 있다.

22. 다음 냉전이후 신안보체제 새로운 테러에 대한 설명 중 다른 것은?

① 다수국가가 국제적으로 연계되어 추적이 어렵고, 다수국가가 공동대응방식으로 대응하고 있다.

② 국제테러수사가 사법기관으로 이동하는 경향이 있다.

③ 테러목적이 추상적이고 공격주체가 불분명하고 불특정다수를 대상으로 한다.

④ 조직이 다원화되고 비조직적이며 실체 파악이 어렵다.

23. 다음 중 비밀공작에 대한 설명으로 다른 것은?

① 비밀공작은 비윤리적이므로 최후의 수단으로서 사용해야 한다.

② 위장부인은 비밀공작 계획단계부터 포함시켜서 계획을 수립한다.

③ 9.11테러이후 비밀공작을 위한 정보수집의 역류현상이 발생하기도 하였다.

④ 비밀공작 시 사전에 철저한 첩보수집내용을 바탕으로 공작계획을 구체적으로 수립한다.

24. 다음 중 정보분석관의 필요한 소양이 <u>아닌</u> 것은?

① 외국어를 한 가지 이상 숙달하여 전문성을 높인다.

② 정보분석 대상국국가에 대한 선행학습이 필요하다.

③ 정보보고서 작성기술을 숙달시킨다.

④ 분석업무에 대한 전문지식과 분석기법을 숙달한다.

25. 다음 중 정보분석 과정에서의 오류에 해당하는 것은?
   ① 정보기관이 임의로 분석대상을 선정한다.
   ② 첩보에서 실수가 있어도 대체로 분석관 탓이다.
   ③ 정보기관의 수집 능력상의 한계가 있다.
   ④ 정보분석관의 인지상의 실패, 능력상의 실패, 분석관의 결여 등이다.

| 14 | 2021 국가정보학 9급 기출문제

01. 다음의 쿼드(Quad)에 대한 설명으로 적절치 않은 것은?

① 쿼드에 참여하는 국가는 미국, 호주, 한국, 인도이다.
② 쿼드의 창설배경은 중국의 팽창정책에 대응하기 위한 전략으로 미국이 인도-태평양지역 주요국가들과 연합하여 대중국 억제정책을 강화하기 위해 만들어졌다.
③ 쿼드에서 반도체 등 산업분야와 안보관련 협조 등을 공동으로 논의한다.
④ 2017년 트럼프정부에서 시작하여 바이든 정부에서도 이어 받아 수행하고 있다.

02. 다음 Intelligence와 Information의 설명 중 다른 것은?

① Intelligence는 정보기관에서 수집하고 분석하여 검증한 지식을 말한다.
② Intelligence에는 뉴스, 기사 등 공개정보 Source도 포함된다.
③ 정보기관에서 일반적으로 적용하고 사용하는 것이 Intelligence이다.
④ Intelligence는 Information의 부분집합에 포함된다.

03. 다음 국가정보의 분류중 잘못된 것은?

① 대상지역에 따라 국내정보와 해외정보로 구분한다.
② 사용자에 따라 국가정보와 부문정보로 구분한다.
③ 목적에 따라 정책정보와 안보정보로 구분한다.
④ 요소에 따라 민간정보와 군정보로 구분한다.

04. 우리나라에 대한 정보기관에 대한 설명 중 다른 것은?
① 사이버작전사령부는 2009년 북한의 DDos공격을 계기로 2010년 창설되었다.
② 군사안보지원사령부는 군방첩 및 보안업무를 위해 2018년 재창설되었다.
③ 기무사령부는 군과 민간을 모두 수사하고 군방첩 및 보안업무를 수행한다.
④ 국방정보본부는 국방부의 군사정보 및 군사보안에 관한 사항과 군사정보전력의 구축에 관한 사항을 관장한다.

05. 2001년 9.11테러를 주도하였으며 아프가니스탄을 근거지로 사우디출신 지도자를 두었던 테러단체는?
① 하마스
② 헤즈블라
③ 알카에다
④ 이슬람 자유여단(IFB)

06. 다음 인간정보와 기술정보의 차이점에 대한 내용 중 다른 것은?
① 인간정보는 첩보의 신뢰여부를 파악하기 쉽다.
② 인간정보는 상대방의 의도까지 파악할 수 있다.
③ 기술정보는 정보원이 접근할 수 없는 곳에 대해 원거리의 첩보도 수집이 가능하다.
④ 기술정보는 인간정보에 비해 수집되는 정보가 많으며 따라서 처리하는 과정도 어렵다.

07. 우리나라의 1급비밀취급 인가권자가 아닌 것은?
① 국무총리, 국가인권위원회 위원장
② 각 부·처의 장관
③ 검찰총장, 감사원장
④ 국회의장, 대법원장

08. 민주주의와 국가정보와의 관계에 대한 설명 중 다른 것은?

① 민주주의는 법을 우선하고, 국가정보는 국가안보를 우선시하여 가치가 상충되는 경향이 있다.
② 민주주의는 정보활동의 투명성을 요구하고 국가정보는 비밀성을 중시한다.
③ 민주주의는 권력의 분산을 지향하고 국가정보는 중앙집중형 형태와 활동을 지향해야 한다.
④ 민주주의와 국가정보활동은 신뢰성을 전제로 한다는 점에서 공통점 있다.

09. 다음 중 컴퓨터의 침입루트를 알아 놓은 뒤 재침입하는 해킹방법은?

① 악성코드
② 백도어
③ 리바이스 엔지니어링공격
④ 버퍼 오버플로우 공격

10. 다음 인간정보의 첩보 배포기술 중 적절치 않은 것은?

① Brush pass는 스치면서 건네기이다.
② Dead Drop은 특정한 장소에 보관하여 전달한다.
③ Devke는 사진 등 매체에 메시지를 숨겨서 전달한다.
④ Letter Box는 공공장소 보관함에 넣어 둔다.

11. 대안분석 중의 하나로 집단의사와 상반된 입장의 피력자를 공식적으로 지명하여 이를 검증하는 기법은 무엇인가?

① 악마의 대변인
② 레드팀
③ 핵심판단기법
④ 경쟁가설분석

12. 다음 국가정보의 특징으로 옳지 <u>않은</u> 것은?

① 정보활동은 합법적으로 처리하였느냐가 아니라 국가이익에 얼마나 부합하였는지에 대한 합목적성을 가진다.
② 국가정보는 정책결정자의 정치적 목적을 위해 사용한다.
③ 국가정보는 사용자의 판단과 집행의 효율성을 보장하는 비밀성을 지닌다.
④ 국가정보는 종합적인 지식으로 모든 분야가 국가이익을 위해 필요한 전방위적 성격이 있다.

13. 다음 정보생산자에게 필요한 능력이 <u>아닌</u> 것은?

① 정보생산자는 담당분야에 대한 전문지식과 적절한 언어능력 1개이상을 갖추어야 한다.
② 사용자에게 쉽고 명확하게 전달될 수 있도록 간단명료하게 보고서를 작성해야 한다.
③ 정보보고서 작성은 전적으로 정보생산자의 능력이므로 경험과 지식을 토대로 주관적으로 작성해야 한다.
④ 심층적 전문지식과 적절한 분석기법을 숙달해야 한다.

14. 다음 중 질적분석기법이 <u>아닌</u> 것은?

① 계층분석기법　　　　② 브레인스토밍
③ 델파이　　　　　　　④ 게임이론

15. 다음 중 한국의 국가안전보장회의(NSC)에 대한 설명으로 적절하지 <u>않은</u> 것은?

① NSC는 대외정책, 안보정책에 대해 대통령 직속의 정책자문기관이다.
② NSC의 의장은 대통령이며, 회의 소집 및 주재는 국무총리가 대행할 수 있다.
③ NSC는 상임위원회와 사무처를 주축으로 하고, 상임위원회에서 외교, 통일, 안보현안에 관한 정책을 조율한다.
④ NSC는 헌법에 명시되어 있지 않지만, 통일·외교·안보와 관련된 최고 의결기관이다.

16. 다음 중 국가정보의 필요성 아닌 것은?
① 국제조약 검증 및 국가의 외교 협상력 제고
② 국가산업활동을 위한 산업경쟁력 제고
③ 기업활동에 이익을 주는 산업정보활동
④ 현재 및 미래 안보위협 대비

17. 다음 중 정보실패에 대한 설명 중 적절치 않은 것은?
① 정보실패는 분석관 및 조직의 오류, 정보배포상의 오류 등이 있다.
② 정보활동은 정보의 성공보다 실패가 더 부각되는 경향이 있다.
③ 정보실패는 정보기관의 전적인 문제이다.
④ 정보실패는 정책결정자의 정책실패로 연결될 수 있다.

18. 다음 중 우리나라 국정원이 수행하는 산업보안활동과 거리가 먼 것은?
① 산업보안교육, 산업보안 컨설팅 및 설명회 개최
② 산업스파이 교육
③ 지적재산권 침해 대응
④ 첨단기술 해외유출 차단

19. 정보환경의 변화로 인해 정보기구가 대응해야 하는 일이 아닌 것은?
① 냉전이후 공개정보의 비중과 중요성이 점점 낮아지고 기술정보가 중요해짐에 따라 기술정보수집 역량을 강화해야 한다.
② 정보기구는 정책결정자와의 원활한 의사소통을 위해 소통채널을 다양화 해야 한다.
③ 세계화 진전과 경계의 모호성으로 적절한 조직과 기능으로 변화하고 대응해야 한다.
④ 냉전이후 산업정보가 중요해짐에 따라 전문성을 위해 산업체, 비정부단체 등과 협력해야 한다.

20. 다음 미국과 중국이 자국의 영향력 확대를 위해서 설립된 기구들이 알맞게 연결된 것은?

| ㉠ APEC | ㉡ ASEAN | ㉢ TPP | ㉣ RCEP |

① ㉠ ㉢
② ㉠ ㉣
③ ㉢ ㉣
④ ㉠ ㉡

21. 다음 중 김정은 체제에서 직접 지도감독하에 활동하는 정보기관으로 연결된 것은?

| ㉠ 정찰총국 | ㉡ 문화교류국 |
| ㉢ 통일전선부 | ㉣ 해외연락부 |

① ㉠ ㉢ ㉣
② ㉠ ㉡ ㉢
③ ㉠ ㉡ ㉣
④ ㉡ ㉢ ㉣

22. 다음 중 정보생산자와 정보사용자의 대한 설명으로 틀린 것은?
① 정보사용자는 생산되는 정보를 의존하여 정책을 결정하는 경우가 있다.
② 정보사용자가 원하는 시점에 정보를 생산해 제공하는 것은 매우 어렵다.
③ 정보생산자는 정보기관을 말하며, 정보사용자는 정책결정자를 포함한다.
④ 정보생산자가 자체적으로 정보사용자를 선정해 정책을 주도적으로 이끌어간다

23. 다음에 해당하는 북한의 정보기관은 무엇인가?

탈북자와 관련된 정보활동을 담당하며, 이를 위해 위장 탈북과 국내 정착한 북한이탈주민들을 유인하여 재입북공작을 한다.

① 국가안전보위성
② 보위국
③ 문화교류국
④ 정찰총국

24. 정보를 생산할 때 적절하지 <u>않은</u> 것은?

① 정보는 정책이 결정되기 전에 생산되어 제공한다.
② 객관성을 위해서 정보는 공개된 장소에서 생산되어야 한다.
③ 정보는 정책과 관련된 내용이어야 한다.
④ 정보는 정보수요자의 요구사항에 부합하게 작성되어야 한다.

25. 다음 북한의 정보기관 통제와 관련하여 바르게 연결된 내용은?

① 국무위원장-보위사령부
② 최고사령관-국가보위성
③ 국무위원장-정찰총국
④ 노동당 총비서-문화교류국

15 | 2022 국가정보학 7급 기출문제

01. 다음 중 국가정보학의 발전이 더디었던 이유에 대한 설명으로 가장 적절한 것은?

① 권위주의 정부에서는 국가정보학의 연구를 통제 혹은 못하게 제한하였다.
② 국가정보학에 대한 특별한 지식이 요구되어 전문가들의 연구가 부족했다.
③ 국가정보학이 학문으로서 받아들여진지 얼마되지 않았다.
④ 국가정보학의 속성상 비밀로서 공개가 제한되고 자료접근이 어려워 연구가 어려웠다.

02. 다음 일본정보기관 중 국내나 주변국의 신호정보를 수집하는 부대는 무엇인가?

① 방위성정보본부(DIH)
② 초베츠(Chobetsu)
③ 공안조사청(PSIA)
④ 내각정보조사실(CIRO)

03. 다음 사이버전에 대한 설명 중 가장 적절한 것은?

① 개인이 상대에게 사이버공격수단을 통하여 무력화시키는 것이다.
② 개인이 상대에게 정보적으로 우위를 점하는 것이다.
③ 적대국가나 집단이 상대국가에 대하여 사이버공격수단을 통하여 파괴 및 무력화시키는 것이다.
④ 적대국가나 집단이 상대에게 정보적으로 우위를 점하는 것이다.

04. 다음 중 북한의 도발사건 순서가 맞는 것은?

(ㄱ) 아웅산 테러사건	(ㄴ) 판문점 도끼만행사건
(ㄷ) 육영수영부인 저격사건	(ㄹ) 청와대 습격시도사건

① (ㄱ)-(ㄷ)-(ㄹ)-(ㄴ) ② (ㄹ)-(ㄷ)-(ㄴ)-(ㄱ)
③ (ㄷ)-(ㄹ)-(ㄱ)-(ㄴ) ④ (ㄷ)-(ㄴ)-(ㄹ)-(ㄱ)

05. 다음 북한의 정보기구는 어느 기관인가?

2009년 당과 군정보기관이 통폐합되었으며 대남 도발을 주도하는 기관으로 그 중 '천안함 폭침사건'을 주도하였다.

① 보위사령부 ② 문화교류국
③ 정찰국 ④ 정찰총국

06. 다음 산업정보와 관련하여 아래의 기관으로 잘 연결된 것은?

(ㄱ) 방위산업체에 대한 방위산업 보안업무를 지원
(ㄴ) 2003년 창설, 산업스파이 색출, 산업보안교육 및 컨설팅

① (ㄱ) 안보지원사 - (ㄴ) 한국산업기술보호협회
② (ㄱ) 안보지원사 - (ㄴ) 국가정보원 산업기밀보호센터
③ (ㄱ) 중소기업기술정보진흥원 - (ㄴ) 국가정보원 산업기밀보호센터
④ (ㄱ) 안보지원사 - (ㄴ) 중소기업기술정보진흥원

07. 다음 중 중국의 8341부대에 대한 설명 중 틀린 것은?

① 중국내 VIP 등을 경호하는 임무를 수행하는 보위부대였다.
② 민·군에서 정예요원들로 선발하였다.
③ 군내 법을 집행하는 기관이다.
④ 별칭으로 북경 보위부대라고도 불렸다.

08. 다음 설명하는 테러단체는 무엇인가?

> 팔레스타인, 레바논 등에서 활동하며 가자지역내의 이슬람국가 건설을 목표로 하는 수니파 무장단체이다.

① 하마스
② IS
③ 헤즈볼라
④ 팔레스타인 해방전선

09. 다음 한국의 국회 정보위원회에 대한 설명으로 적절치 않은 것은?

① 정보위원회는 1994년에 최초로 구성되었다.
② 정보위원회는 12명으로 구성되어 있다.
③ 정보위원회의 모든 회의는 비공개가 원칙이고 인사청문회는 위원회의 의결로 공개할 수 있다.
④ 정보위원회는 원내교섭단체와 무관하게 선임할 수 있다.

10. 다음 중에 국제환경협약이 아닌 것은?

① 스톡홀름 협약(1972년)
② 리우협약(1992년)
③ 바젤협약(1989년)
④ 마라케시선언(2013년)

11. 다음 중 애국법에 관한 설명 중 적절치 <u>않은</u> 것은?

① 9.11테러이후에 제정되었다.

② 테러관련 수사의 강화를 위해 테러정보수집 절차를 간소화시킨 법이다.

③ 애국법은 테러피해자의 보상문제도 포함되어 이를 위한 법은 따로 만들어 졌다.

④ 애국법 제정시 일부조항은 4년만 시행하기로 하였다.

12. 다음 중 비밀공작에 대한 설명으로 옳지 <u>않은</u> 것은?

① 비밀공작은 국가의 정책을 직접 집행하는 활동이다.

② 비밀공작은 원칙적으로 정당성을 가진다.

③ 비밀공작활동은 민주국가에서 정보기관이 수행하는 활동이다.

④ 비밀공작은 국가정책목표를 달성하고자 타국에 영향을 미치려는 다양한 형태의 비밀활동이다.

13. 다음 중 정보기관을 통제하기 위한 법령으로 옳지 <u>않은</u> 것은?

① 휴즈라이언법(1974년)   ② 국가안보법(1947년)
③ 정보수권법(1991년)   ④ 정보감독법(1980년)

14. 다음에서 스톡홀름증후군-리마증후군으로 잘 연결된 것은?

> (ㄱ) 인질범이 인질에게 동화
> (ㄴ) 인질이 인질범에게 동화
> (ㄷ) 인질이 인질범에게 반항하고 저항

① (ㄱ)-(ㄷ)   ② (ㄱ)-(ㄴ)
③ (ㄴ)-(ㄱ)   ④ (ㄴ)-(ㄷ)

15. 다음 비정보요원에 대한 설명 중 틀린 것은?

① 비정보요원은 반드시 정보기관의 정식 계약관계에 놓여 있다.
② 비정보요원은 정보관의 정보수집을 도와주는 사람이다.
③ 비정보요원 중 협조자는 비자발적인 것과 자발적인 것으로 구분한다.
④ 비정보요원 중 첩보원은 5열, 두더지, 닌자 등으로도 불린다.

16. 다음 중 보기에 나타나지 않은 비밀공작 형태는 무엇인가?

> ㈀ 자기주장의 합리성을 강조하고 상대방은 부당함을 강조하여 상대국에게 불리하도록 조성한다.
> ㈁ 상대국의 정치에 은밀하게 개입하여 자국에 유리한 방향으로 조성한다.
> ㈂ 자국에 불리한 영향을 주는 상대국 정권을 직·간접적인 방법으로 체제를 전복시키는 행위이다.
> ㈃ 대상국의 경제정책을 자국에 유리하도록 영향력을 행사하며 파업을 유도하기도 한다.

① 정치공작
② 경제공작
③ 선전공작
④ 준군사공작

17. 다음 중 미국 정보활동의 아버지이자 CIA국가판단실의 창설자인 셔먼 켄트가 주장한 정보의 정의에 포함되지 않는 것은?

① 정보는 지식으로서의 정보이다.
② 정보는 조직으로서의 정보이다.
③ 정보는 활동으로서의 정보이다.
④ 정보는 비밀로서의 정보이다.

18. 다음 중 통합형과 분리형 정보기구의 장·단점에 대한 설명을 순서대로 잘 배열한 것은?

> ㈀ 정보의 독점, 은폐로 정보실패의 가능성이 초래될 수 있다.
> ㈁ 각각 기관별 인원 증대로 조직의 비대화를 초래한다.
> ㈂ 정보조직이 관료화되어 역동성이 떨어지고 경쟁력이 저하된다.
> ㈃ 정보에 대한 중앙집권적 통제가 용이하다.

① 분리형-통합형-통합형-분리형
② 통합형-분리형-통합형-통합형
③ 통합형-통합형-분리형-분리형
④ 통합형-분리형-분리형-통합형

19. 다음 중 정책결정자와 정보소비자의 특성이 아닌 것은?
① 정책결정자는 정보생산자가 제공한 정보를 참고하여 일치하는 결정을 하는 경향이 있다.
② 정부부처는 정보와 무관하게 업무속성과 업무문화에 따라 국가안보정책을 결정하기도 한다.
③ 국가안전보장회의는 해당 국가의 안보정책이 현장에서 제대로 집행되도록 한다.
④ 국민의 대표기관인 의회도 대표적인 정보소비자중의 하나이다.

20. 다음 중 국가안전보장회의에 관한 내용 중 틀린 것은?
① 국가안전보장회의는 대통령의 자문기구이다.
② 국무총리는 국정원장에게 필요한 정보업무를 지시할 수 있다.
③ 국가안전보장회의 구성원은 대통령, 국무총리, 외교부장관, 통일부장관, 국방부장관, 국정원장과 그 외 대통령이 정한 인원이 포함된다.
④ 국가정보원장은 국가안전보장에 관련된 정보를 수집·평가하여 회의에 보고한다.

21. 다음 중 정보통제에 관한 내용으로 (　)안에 적절한 용어는?

- 정보통제는 입법부, 행정부, 언론의 통제가 있다.
- 이것을 정보기구에 대한 민주적(　)라고 한다.
- 이것의 (　)를 따져보기 위해 법률과 윤리적 기준에서 목적과 활동이 올바르게 부합하는지를 검토한다.

① 통제-적절성　　　　　　② 감시-합법성
③ 통제-효율성　　　　　　④ 감시-윤리성24.

22. 미국과 유럽의 지적재산권에 대한 설명으로 틀린 것은?

① 영국은 왕이 지적재산권 보호를 하지 않고 민간주도로 지적재산권을 관리한다.
② 미국은 지적재산권을 개인의 권리로 인정한다.
③ 프랑스는 절대왕정국가로 왕이 지적재산권을 보호하였다.
④ 베네치아공화국은 15세기에 특허법을 제정하여 지적재산권을 보호했다.

23. 국가정보의 정책결정과정에서의 효용성에 대하여 옳지 않은 것은?

① 국가정보는 정책계획단계에서 정책수립 및 조정에 판단을 제공한다.
② 국가정보는 정책결정단계에서 유용한 정책을 선택하는데 직접 관여 한다.
③ 국가정보는 정책수립의 환경진단에서 국가이익 증대를 위한 여건을 분석하는데 기여한다.
④ 국가정보는 정책의 평가단계에서 성과와 문제점을 대한 정보제공으로 정책과정의 환류를 지원한다.

24. 다음 경제간첩과 산업간첩에 대한 설명으로 틀린 것은?

① 경제간첩은 국가정보기구가 국가적이익을 위해 상대국가의 전반적인 경제정보를 수집한다.
② 산업간첩은 국가정보기구나 민간기업주체가 상업적 목적으로 상대국가나 민간기업에 대한 산업정보를 수집한다.
③ 경쟁국가나 기업이 비밀로 관리하는 중요경제 및 산업정보를 유출하는 행위를 산업간첩이라고 한다.
④ 요즘은 경제간첩이나 산업간첩을 운용하는 주체가 불분명하며 수집 목적도 불분명하다.

25. 다음 중 공직가장 및 비공직가장에 대한 설명 중 틀린 것은?

① 공직가장은 정보관외에도 정보원도 할 수 있다.
② 비공직가장은 NOC라고도 한다.
③ 비공직가장은 주재원, 사업가, 여행자 등 다양한 신분으로 활동한다.
④ 공직가장은 대상국으로부터 활동을 감시 당할 수 있다.

16 | 2022 국가정보학 9급 기출문제

01. 다음 중 셔먼 켄트의 시계열에 따른 설명 중 옳은 것은?
① 현용정보는 동태적으로 변화하는 정보로서 국제정세판단 등이 여기에 포함된다.
② 판단정보는 분석 및 평가를 거친 정보로서 평가정보, 혹은 예측정보라고도 한다.
③ 북한정보는 지리적으로 같은 한반도내에 있어서 국내정보에 속한다.
④ 판단정보는 과거와 현재의 정보를 바탕으로 분석한 정보로 뉴스, 일일정보 등이 여기에 속한다.

02. 다음 ECHELON에 해당하는 국가끼리 잘 연결된 것은?

| (ㄱ) 미국 | (ㄴ) 호주 | (ㄷ) 캐나다 | (ㄹ) 영국 |
| (ㅂ) 프랑스 | (ㅅ) 독일 | (ㅇ) 일본 | |

① (ㄱ)-(ㄷ)-(ㅇ)
② (ㄱ)-(ㄴ)-(ㄹ)
③ (ㄷ)-(ㄹ)-(ㅂ)
④ (ㄱ)-(ㄹ)-(ㅅ)

03. 다음 중 신호정보에 해당하지 <u>않는</u> 것은?
① 전자정보
② 원격측정정보
③ 항공사진
④ 통신정보

04. 다음 중 국가의 위기시 고려해야 할 요소가 <u>아닌</u> 것은?
① 시간의 절박성
② 파급성
③ 기습성
④ 위협의 성공 확률

05. 정책결정권자가 관심을 가지고 있는 목표에 대한 수집활동에 주력하는 정보수집상에서의 오류는 무엇인가?

① TPED Issue
② Vacuum Cleaner Issue
③ Zero-Sum Game
④ Swarm ball

06. 다음 CIA의 정보순환단계에서 괄호에 해당하는 것은 무엇인가?

( ) → 수집 → 처리 및 탐색 → ( ) → 배포

① 기획 및 관리-분석 및 종합
② 기획 및 지시-분석 및 생산
③ 정보요구-분석 및 종합
④ 정보요구-분석 및 생산

07. 다음 중 정보분석의 대상에 대한 설명 중 적절치 않은 것은?

① 미스터리는 정보수집만으로 규명할 수 없는 현안으로 지속적으로 유포시 사회불안이나 국가안보에 저해가 되는 요소이다.
② 비밀은 수집하기 어려우나 수집노력에 따라 가능한 외국의 능력이나 의도 등 공개를 회피하는 내용이다.
③ 북한의 핵 위치나 능력도 미스터리이다.
④ 미스터리는 중대한 유언비어, 사회혼란을 유발하는 특별한 낭설 등이다.

08. 다음 정보역사에 대한 설명 중 옳지 않은 것은?
   ① 클라우제비츠는 전쟁론의 저자이며 프로이센의 군인으로서 초대 육군사관학교 교장이었으며, 정보는 전쟁에 있어서 아군의 계획 및 행동의 기초를 이루는 것이기에 정보를 신뢰해야 한다고 하였다.
   ② 폴리비우스암호는 아라비아 숫자와 로마자를 조립하는 방법으로 활용한 암호체계이다.
   ③ 이스라엘 민수기 13장의 모세는 가나안 땅을 정복하기 위해서 12명의 정탐꾼을 보냈다.
   ④ 그리스 스파르타는 비밀통신 'Skytale' 암호를 사용하였다.

09. 비밀공작 중 정치공작과 관련이 없는 것은?
   ① 흑색선전
   ② 경호지원
   ③ 영향공작
   ④ 지원공작

10. 정보기관이 Agent를 포섭하는 방법인 'MICE'에 대한 연결로 옳지 않은 것은?
   ① M-Money
   ② I-Ideology
   ③ C-Compromise
   ④ E-Ethnics

11. 다음 중 방첩에 대한 설명으로 적절치 않은 것은?
   ① 능동적 방첩활동에는 정보수집, 방어적 방첩, 공격적 방첩활동 등이 있다.
   ② 공격적 방첩활동에는 역용, 기만, 적 정보원 감시 등이 있다.
   ③ PNG는 사건발생전 예방적으로 방첩이 가능하므로 가장 공격적인 방첩활동이다.
   ④ 방첩활동의 범위는 상대국 정보기관으로만 제한한다.

12. 다음 중 기술정보 단점에 대한 설명으로 가장 옳은 것은?
    ① 기술정보는 해외에 비밀기지를 설치하는 초기비용과 시간이 많이 소요되지만, 이후에는 비용이 거의 들지 않아서 많은 국가가 이용한다.
    ② 신호정보는 기만시 취약하지만, 영상정보는 전혀 문제점이 없다.
    ③ 기술정보는 비용이 많이 든다는 것 외에는 단점이 전혀 없다.
    ④ 원거리에 대한 정보수집이 가능하지만 기만에 따른 정보의 신뢰성과 위장시 수집이 제한된다.

13. 다음 중 국가의 정보기관에 대한 연결이 옳지 <u>않은</u> 것은?
    ① 러시아-GRU
    ② 프랑스-MID
    ③ 영국-GCHQ
    ④ 호주-ASIS

14. 다음에서 정책집행단계에서 정보의 역할에 해당하는 것은?

    ㄱ. 국가이익 증대를 위한 여건 분석
    ㄴ. 집행시기 판단
    ㄷ. 무역협정·강대국간 군축협정·외국조약 등 검증위한 정보지원
    ㄹ. 현재 진행하고 있는 각종 정책의 평가 지원
    ㅂ. 국력의 효과적 사용
    ㅅ. 협상에 기여

    ① (ㄱ)-(ㄷ)-(ㄹ)
    ② (ㄱ)-(ㄴ)-(ㄹ)
    ③ (ㄴ)-(ㄷ)-(ㄹ)
    ④ (ㄱ)-(ㄹ)-(ㅅ)

15. 다음 중 북한의 정보기구에 대한 설명으로 적절치 않은 것은?
    ① 북한은 1951년 노동당 연락부 산하의 금강정치학원으로 개칭하였고 이것이 북한 정보기관의 모체가 되었다.
    ② 북한은 2009년에 당과 군의 정보기관을 통합하여 정찰총국으로 재편성하였다.
    ③ 국가안전보위성은 국무위원회 소속이다.
    ④ 정찰총국이 국가안전보위성에 편입되었다.

16. 다음 중 소프트웨어 공격끼리 묶여진 것은?
    ① 전자우편폭탄-재밍
    ② 논리폭탄-웜
    ③ 나노머신-치핑
    ④ EMP폭탄-고출력 전자총

17. 다음 중 방첩활동에 대한 설명으로 옳지 않은 것은?
    ① 외국정보기관의 정보수집, 공작활동에 대응하여 자국의 안전과 이익을 확보하기 위한 활동이다.
    ② 대사관, 영사관 등 장소는 방첩의 대상이 아니다.
    ③ 우리가 상대국에게 하려는 것을 그들은 하지 못하게 하는 것이 방첩활동이다.
    ④ 방첩은 적대국은 물론, 우호적 동맹국가도 방첩활동의 대상이다.

18. 다음 중 통신정보에 대한 설명 중 적절치 않은 것은?
    ① 유선은 지하매설이나 광케이블을 가능한 사용해야 한다.
    ② 유선전화는 중간에 선을 가로채서 도청이 가능하기 때문에 되도록 무선전화기를 사용해야 한다.
    ③ 무선텔렉스는 위성으로 어디서든 도청이 가능하므로 암호장비를 확대하여 사용해야 한다.
    ④ 비밀정보통신은 데이터 교환원을 거쳐서 전송하기 때문에 정기적인 보안교육을 철저하게 해야 한다.

19. 국가정보에 대한 설명으로 적절치 <u>않은</u> 것은?

① 국가정보기구는 정권의 기구가 아닌 국가와 국민의 정보기구이다.
② 권위주의 국가는 정권안보를 위해 정보를 사용하는 경향이 있다.
③ 민주주의 국가에서의 국가정보는 국가체제의 혼란과 국가정체성의 혼돈을 방지한다.
④ 국가정보는 국가안보보다는 정권안보를 우선시 해야 한다.

20. 국가정보학의 연구 방법 가운데 구조적인 접근에 대한 설명이 <u>아닌</u> 것은?

① 각국 정보기구에 대한 구조와 기능분석 등이 포함된다.
② 법적근거와 정보활동의 합법성을 도모할 수 있다.
③ 구조적인 연구를 통해 정보활동의 규모와 방향을 평가할 수 있다.
④ 자국의 정보기관의 문제점과 취약성을 평가하여 바람직한 방향으로 발전을 유도한다.

21. 미국의 정보기구에 대한 설명으로 옳지 <u>않은</u> 것은?

① DNI는 대통령이 상원의 동의를 얻어서 임명한다.
② NSA는 신호정보를 수집한다.
③ NGA는 신호정보와 영상정보를 수집하고 정찰위성을 관리한다.
④ FBI는 국내방첩 및 대테러를 담당한다.

22. 다음 정보기구의 변화에 대한 설명 중 적절치 <u>않은</u> 것은?

① 모든 국가의 정보기관은 국내적인 이슈에 의해서만 개편되거나 변화되어 왔다.
② 미국은 1947년 국가안전보장법에 의해서 CIA와 DCI, DOD의 창설계기가 되었다.
③ 미국은 9.11테러 이후 대테러 예방활동을 강화하고 있으며 스노든폭로로 인해 위기를 겪었지만 대테러예방에 성공하고 있다.
④ 세계화의 퇴보로 다자간, 지역간 동맹체제로 강화되고 있는 추세이다.

23. 다음 정보기관 통제에 대한 설명 중 적절치 않은 것은?
   ① 정보통제에는 입법부 통제, 행정부 통제, 언론의 통제 등이 있다.
   ② 대통령 등 행정부에 의한 정보통제는 의회의 정보통제보다 강력하다.
   ③ 의회의 정보통제에는 예산편성 및 심의, 입법권, 기관장 인사청문회 등이 있다.
   ④ 행정부의 정보통제에는 인사권, 조직해체 및 축소권, 행정명령 등이 있다.

24. 다음 정보생산자와 정보소비자에 대한 설명으로 옳지 않은 것은?
   ① 기술의 발달로 인해 정보소비자는 점점 감소하고 있다.
   ② 정보생산자는 정보소비자에게 정확한 정보를 전달해야 하고 판단은 정책결정자에게 맡겨야 하기 때문에 분석까지만 한다.
   ③ 정보생산자와 정보소비자는 협력관계에 있기 때문에 첩보를 수집하는 과정에서 법률로 제한해서는 안된다.
   ④ 전통적으로 정책결정자는 정보생산자가 제공한 현용정보 위주의 단기정보를 정책에 반영하는 경향이 있다.

25. 다음 중 방첩기관이 아닌 것은?
   ① 법무부
   ② 관세청
   ③ 해양경찰청
   ④ 국방부

17. 2023 국가정보학 7급 기출문제

01. 다음 인간정보와 기술정보의 차이점 중 다른 것은?
① 기술정보는 인간정보보다 비용이 저렴하고 시간도 적게 소요된다.
② 인간정보는 기술정보수집이 제한되는 지역에서 활용시 유용하다.
③ 기술정보는 인간정보에 비해 광범위한 지역에 걸쳐 수많은 대상 목표에 대해 많은 량의 정보를 수집할 수 있다.
④ 기술정보는 많은 인력과 비용이 소요되나 원거리 및 인간정보의 접근이 제한되는 곳에 수집이 유용하다.

02. 다음 FBI요원으로 소련과 러시아에 돈을 받고 15년간 미국의 주요기밀을 넘긴 최악의 인물은 누구인가?
① 엘리코헨 ② 로버트 한센
③ 조너선 폴라드 ④ 알드리치 에임스

03. 국가보안법에 대한 설명으로 틀린 것은?
① 범죄수사 또는 정보의 직무에 종사하는 공무원이 이 법의 죄를 범한 자라는 점을 알면서 그 직무를 유기한 때에는 10년 이하의 징역에 처한다.
② 국가의 존립·안전이나 자유민주적 기본질서를 위태롭게 한다는 점을 알면서 반국가단체의 구성원 또는 그 지령을 받은 자로부터 금품을 수수한 자는 7년 이하의 징역에 처한다.
③ 국가의 존립·안전이나 자유민주적 기본질서를 위태롭게 한다는 점을 알면서 반국가단체의 구성원 또는 그 지령을 받은자와 회합·통신 기타의 방법으로 연락을 한자는 15년 이하의 징역에 처한다.
④ 반국가단체나 그 구성원의 지령을 받거나 받기 위하여 또는 그 목적수행을 협의하거나 협의하기 위하여 잠입하거나 탈출한 자는 사형·무기 또는 5년 이상의 징역에 처한다.

04. 제2차 세계대전 중 연합국이 독일과 일본을 상대로 전개한 암호해독작전으로 옳지 <u>않은</u> 것은?
① 울트라
② 퍼플
③ 그리핀
④ 매직

05. 다음 미국의 법령 중 잘못된 설명은?
① 정보감독법(1980년)은 비밀공작시 대통령이 정보기관의 활동을 의회에 사전 구두보고하도록 의무화 하였다.
② 정보수권법(1991년)은 비밀공작시 대통령이 의회에 구두보고가 아닌 서면보고를 의무화 하였다.
③ 애국법(2001년)은 정보기관에 대한 의회의 통제를 강화하기 위한 법이다.
④ 정보신원법(1982년)은 정보기관 비밀요원 신원의 공개를 금지한 법이다.

06. 다음 NGA에 대하여 잘못 설명한 것은?
① NGA의 주요 임무는 전세계의 각종 영상자료를 분석·평가하여 국가정책결정자와 군에 적시에 정확한 정보를 제공하는 데 있다.
② 영상정보는 거의 대부분 NRO를 통해 제공되고 있으며, 비밀로 분류되어 있어 생산 및 배포가 매우 제한적이다.
③ CIA 소속의 '국가사진판독본부(NPIC)', 국방부 산하의 '국방지도국 (DMA)', '중앙영상실(CIO)', '국방보급계획국(DDPO)' 등의 모든 기능을 종합하여 설립된 NIMA로 존재하다가 국토안보부 소속으로 확대 개편되었다.
④ 오늘날 상업용 위성의 발달로 고해상도의 영상정보를 공개적으로 획득할 수 있게 되었고, 이러한 상업용 위성들을 통해 생산되는 영상정보를 활용함으로써 영상정보 획득에 소요되는 비용을 대폭 절감하면서 필요한 기관에 유용한 영상정보를 제공하고 있다.

07. 각 부문정보기관이 국가정보목표를 바탕으로 정보활동 순위와 방향 등을 세부적으로 수립하는 것은?

① PNIO
② OIR
③ SRI
④ EEI

08. 1957년 소련에서 세계 최초로 발사하여 이후 미국과 소련 간에 위성 및 우주개발 경쟁을 촉발시킨 인공위성은 무엇인가?

① 코로나
② 셀리나
③ 스푸트니크
④ 제니트

09. 신호정보위성에 대한 설명으로 틀린 것은?

① 1970년대 미국은 율리트(Rhyolite)'명칭의 원격측정 정보(TELINT) 수집용 위성 5기를 운용하였다.
② '캐넌(Kennan)'은 미국의 통신정보(COMINT) 수집용 위성으로 걸프전 당시 사막의 폭풍 작전에서 뛰어난 성능을 발휘하였다.
③ 소련 최초의 신호정보 위성은 1967년에 발사한 코스모스(Cosmos) 189호 전자정보위성이다.
④ 미국은 NRO 주도하에 1962년부터 1971년까지 암호명 '팝피 (POPPY)'라는 이름으로 총 7기의 전자정보(ELINT) 위성을 발사하였다.

10. 정보실패와 성공은 혼합되어 있어서 유리병에 물이 반쯤 있을 때 보는 관점에 따라 반이나 찼다고 볼 수도 있고, 반밖에 없다고 보는 것처럼 같은 사례를 놓고 보는 관점에 따라 실패와 성공으로 볼 수도 있다고 주장한 학자는 누구인가?

① 베츠
② 아브람 슐스키
③ 마이클 허만
④ 제프리 T. 리첼슨

11. 다음 한국의 근대 정보기관 및 활동에 대한 설명 중 적절치 않은 것은?

① 광복군은 대원들 중에서 일부 인원을 선발하여 영국군과 공동으로 대적 선전공작 임무를 수행하기도 하였다.
② '의열단'은 1919년 11월 만주 길림성에서 김원봉 등이 결성한 단체로서 후에 신채호가 강령을 체계화하였고, 일본인과 친일 매국노 암살, 일제 시설 파괴, 폭동 등 일제에 맞서 항일운동을 전개하였다.
③ '한인애국단'은 1931년 10월 임시정부 국무령이었던 김구에 의해 비밀공작임무를 수행하기 위해 설립된 항일독립운동 무장 단체이다.
④ 제국익문사는 우리나라 최초의 근대적 정보기관으로 1902년 고종이 설립하여 1945년 광복까지 활동하였다.

12. 다음 중 우리나라가 법 제정을 해야 하나 아직까지 제정되지 않은 법령은 무엇인가?

① 사이버테러방지법　　　② 테러방지법
③ 통신비밀보호법　　　　④ 정보통신기반보호법

13. 다음 대안분석기법에 대한 설명으로 틀린 것은?

① CIA에서는 9.11테러 이후 분석관들의 고정관념을 타파하기 위해 대안분석기법을 도입하여 활용해 왔다.
② 악마의 대변인은 상대의 논리가 장점을 갖고 있더라도 무조건 반대입장을 제시하는데 중점을 두지만, What If 분석기법에서는 다소 엉뚱한 의문으로 시작하여 추가적으로 필요한 의문사항들을 제기하도록 유도하는 데 중점을 둔다.
③ 붉은 세포(Red Cell)는 자국의 외교안보 목표 실현을 어렵게 만들 수 있는 여러가지 행동방식과 역할을 수행시켜서 적의 입장에서 예상행동을 예측케 한다.
④ 핵심 전제조건 점검은 결론이 도출된 기본전제와 그 주요요인을 규명하고 결론을 내리는 데 필요한 조건들과 타당성을 내린 근거를 파악하게 해준다.

14. 정보분석기법에 대한 설명으로 틀린 것은?

① CIA의 분석국을 포함한 미국의 정보공동체에서는 1950년대부터 수학이나 통계학에서 개발된 다양한 종류의 계량분석 기법 등을 활용해 왔다.
② 의사결정나무기법은 모든 대안을 나뭇가지형태로 분류하고 도식화하여 입수한 첩보를 근거로 가능성에 대한 판단과정을 거쳐 최적의 대안을 찾아내는 방법이다.
③ 질적 분석기법은 대체로 논리적 사고를 통해 결론을 도출하는 방법으로서 계량화가 불가능한 추상적인 이슈들 또는 행위자의 주관적 의도를 판단하는데 적합하다.
④ 베이지안 기법은 국가가 선택할 정책방향을 예측하고 향후 정치의 전개방향을 전망하는 데 유용하게 활용되는 계량 모델이다.

15. 르네상스 시대의 정보활동으로 틀린 것은?

① 르네상스 이후 절대주의 국가들 간의 전쟁이 빈번하게 발발하였고, 그러한 전쟁에 대응하기 위해 군사정보활동이 활발히 전개되었다.
② 유럽지역에서 르네상스 이후 등장한 절대주의 국가들은 왕권을 보호하고 내부 치안을 유지하기 위해서 비밀조직을 설립하여 다양한 유형의 국내정보활동을 수행하였다.
③ 16세기와 17세기에 들어서서 유럽지역에서 상주대사 제도가 정착됨에 따라 외교활동은 협상뿐만 아니라 정보수집 활동을 위해서도 활용되었다.
④ 16세기 후반 영국 엘리자베스 1세 당시 월싱햄 공작은 왕권보호 및 내부 치안을 위해서 비밀조직을 설립하였다.

16. 가장에 대한 설명으로 적절치 않은 것은?

① 공직가장 정보관은 민감하고 핵심적인 중요인물들과 접촉이 용이하다.
② 비공직가장 정보관은 사회의 다양한 계층이나 전문가로 신분을 위장할 수 있다.
③ 공직가장 정보관은 다양한 종류의 대상자들과 접촉할 수 있는 장점이 있다.
④ 공직 가장은 외교관이나 정부 관료로 신분을 위장하는 것으로 목표에 따라 직급을 가진다.

17. 비밀공작에 대한 설명으로 틀린 것은?

① 1980년대 새로운 방위개념으로 발족한 미국의 전략 방위구상 (Strategic Defense Initiative, SDI)은 경제공작 일환으로 수행되었다.
② 프랑스의 삐에르 샬르 파테(Pierre-Charles Pathe)가 뉴스레터를 발간한 것은 백색선전이다.
③ 정치공작 공작관과 공작원 사이에는 공작관의 개입사실을 은폐하기 위해 차단장치의 역할을 하는 사람을 둔다.
④ 1979년 소련의 아프가니스탄 침공에 대응하여 미국이 반소 무장세력에게 무기를 지원한 것은 성공한 준군사공작이다.

18. 다음 중 애셜론에 대한 설명 중 다른 것은?

① 미국 주도하에 영국, 호주, 뉴질랜드, 캐나다가 합동으로 신호정보를 공유한다.
② NSA와 CIA에서 컴퓨터기술자로 근무한 스노든이 폭로하여 미국정부가 국내·외의 질타를 받았으나 정부에서는 공식적으로 부인하였다.
③ 스노든은 애셜론이 전세계를 대상으로 무차별적인 도청을 하고 있음을 언론에 발표하여 세상에 드러나게 되었다.
④ 2007년부터 IT기업에서 널리 사용하는 '프리즘시스템'을 도입하여 인터넷, 전화, 메일, SNS등을 도청하였다.

19. 다음 미국의 법령 중 잘못된 것은?

① 해외정보감시법은 비밀공작을 포함한 모든 정보활동에 대해 의회에 사전보고를 의무화하였다.
② 휴즈-라이언 수정법은 비밀공작에 대해 대통령의 승인과 적절한 시점(2일내)에 의회에 보고하도록 규정하였다.
③ 정보수권법은 비밀공작의 개념을 보다 구체적으로 명료하게 규정하고, 대부분의 경우 대통령이 의회에 구두가 아니고 서면으로 사전보고 하도록 의무화했다. 긴급한 경우에만 대통령의 보고 유보기간(2일) 기회를 부여하였다.
④ 정보개혁 및 테러방지법은 16개 정보기관들을 통합·관리할 강력한 조직으로서 ODNI를 창설하고, 반테러활동으로 인해 사생활 및 인권 침해를 감독하는 임무를 수행하는 '사생활 및 기본권 감시위원회'를 행정부 산하 독립기구로 설립하였다.

20. 다음 학자들이 정의한 정보(intelligence)의 내용으로 틀린 것은?

① 셔먼켄트(Sherman Kent)는 정보는 지식이며 조직이고 활동이라고 정의하였다.

② 로웬탈(Lowenthal)은 기본적으로 끝없는 은폐와 기만으로 가득찬 부분을 꿰뚫고자 하는 노력이라고 정의하였다.

③ 리첼슨(Richelson)은 정보는 지식의 수집, 평가, 분석, 종합, 판단하는 일련의 과정을 거쳐서 얻어진 결과라고 정의하였다.

④ 슐스키(Shulsky)는 잠재적인 적의 위협에 대처하기 위한 정부의 정책과 관련된 지식이라고 정의했다.

21. 다음은 로버트슨의 말이다. ㉠에 들어갈 말로 옳은 것은?

> 정보를 제대로 정의한다면 (㉠), 국가, 비밀, 수집, 분석, 의도 등의 내용이 포함된다. 이 중에서 가장 중요한 것은 (㉠)이다. 왜냐하면 (㉠) 이 없다면 정보기관이 존재할 이유 가 없기 때문이다.

① 공작
② 첩보
③ 국익
④ 위협

22. 첩보원에 대한 설명으로 적절치 않은 것은?

① 겔렌은 이념이나 신념으로 협조자가 된 경우보다 금전적 이익 때문에 협조자가 된 경우에 더 가치 있다고 주장했다.

② 과거 소련에 포섭된 영국 및 미국인 첩보원들은 30년대는 이념적 이유, 70년대는 금전적 이유로 첩보원이 되었다.

③ 자발적 첩보원은 자국에 관한 허위 또는 기만 정보를 상대국에 유포하기 위해서 주재국 정보기관에서 은밀히 보낸 자들도 있었다.

④ KGB는 첩보원 대상자를 물색하는 과정에서 꼭 필요한 인물에 대해서는 주로 약점을 찾아내어 그것으로 위협하여 첩보원을 포섭했다.

23. 비밀 관리에 대한 설명으로 틀린 것은?
   ① 비밀을 저장·관리하였던 USB 등 보조기억매체는 보관책임자가 그 비밀의 내용을 복구할 수 없도록 완전 삭제한 후 파기하여야 하고 재활용할 수 없다.
   ② 비밀취급 인가권자는 비밀을 취급하거나 비밀에 접근할 사람에게 해당 등급의 비밀취급을 인가하고, 필요한 경우에는 인가 등급을 변경한다.
   ③ 제한구역이란 비밀 또는 주요 시설 및 자재에 대한 비인가자의 접근을 방지하기 위하여 출입시 안내가 요구되는 지역을 말한다.
   ④ 암호자재를 사용하는 기관은 국가정보원장이 인가하는 암호체계의 범위에서 암호자재를 제작할 수 있다.

24. 뉴테러리즘에 대한 설명으로 틀린 것은?
   ① 과거의 테러가 뚜렷한 목적을 내세웠던 것과는 달리 뉴테러리즘은 통상 테러 목적이 추상적이며 공격 주체를 밝히지 않는다.
   ② 전통적인 테러조직에 비해 뉴테러리즘의 조직은 다원화되어 있어 비교적 실체 파악이 용이하다.
   ③ 비교적 피해규모가 적었던 전통적 테러리즘에 비해 뉴테러리즘은 전쟁 수준의 무차별 공격으로 인해 그 피해가 상상을 초월한다.
   ④ 사이버 공간을 이용한 사이버 테러리즘과 극단적 자살테러 등 새로운 유형의 테러 수단을 동원하고 있다는 점에서도 과거의 테러리즘과 구별된다.

25. 정보실패를 막을 수 있는 방법에 대한 설명으로 틀린 것은?
   ① 인지적오류를 막는 방법으로 베츠는 비전문가를 활용하는 방안을 제안했고 헨델은 정책결정권자와 접촉이 빈번하게 이루어지는 것이 바람직하다고 주장했다.
   ② 저비스는 정보조직상의 결함이나 정보의 정치화와 같은 문제가 없을지라도, 세상의 현상을 이해하는데 장애요소들이 너무 많아서 정보는 종종 부정확하게 결론을 내린다고 보았다.
   ③ 베츠는 정보조직 개편의 효과가 미흡할지라도 특정한 시기에 대응이 요구되는 적절한 조직 개편이 필요하다고 주장했다.
   ④ 베츠와 헨델은 불필요한 조직개편은 효과가 없다고 주장했다.

18 | 2023 국가정보학 9급 기출문제

01. 다음 정보순환단계중 적절치 않은 것은?

① CIA의 정보순환은 기획지시-정보수집-처리 및 탐색-분석 및 생산-배포 순이다.
② 버코위즈와 굿맨(Bluce D. Berkowitz and Allan E. Goodman)은 정보요구-수집목표 및 과제설정-수집-분석-배포의 5단계로 구분했다.
③ 마크로웬탈의 정보순환과정은 정보요구-정보수집-처리 및 탐색-분석 및 생산-배포 및 소비로 구분했다.
④ 허만은 새로운 정보 순환의 모델로서 사용자의 반응을 고려한 정보수집 목표설정-수집 및 분석-배포 및 사용자 반응 탐색-사용자 수령 및 반응 순서로 분류하였다.

02. 2023년 현재 테러지원국가가 아닌 것은?

① 이란
② 북한
③ 시리아
④ 수단

03. 다음 국가보안법에 대한 설명으로 옳지 않은 것은?

① 타인에게 반국가단체에 가입할 것을 권유한 자는 2년 이상의 유기징역에 처한다.
② 지방법원판사는 제3조 내지 제10조의 죄로서 사법경찰관이 검사에게 신청하여 검사의 청구가 있는 경우엔 수사를 계속함에 상당한 이유가 있다고 인정한 때에는 형사소송법 제202조 구속기간의 연장을 1차에 한하여 허가할 수 있다.
③ 국가의 존립 및 안전이니 자유민주적 기본질서를 위태롭게 한다는 점을 알면서도 반국가단체의 구성원 또 그 지령을 받은자로부터 금품을 수수한자는 7년 이하의 징역에 처한다.
④ 국가의 존립 및 안전이나 자유민주적 기본질서를 위태롭게 한다는 점을 알면서 반국가단체나 구성원 또는 그 지령을 받은자의 활동을 찬양·고무·선전 또는 이에 동조하거나 국가변란을 선전·선동한 자는 5년 이하의 징역에 처한다.

04. 개인정보보호법에 대해 옳지 않은 것은?
   ① 거짓이나 그 밖의 부정한 수단이나 방법으로 다른 사람이 처리 하고 있는 개인정보를 취득한 후 이를 영리 또는 부정한 목적으로 제3자에게 제공한 자와 이를 교사·알선한 자는 5년 이하의 징역 또는 5천만원 이하의 벌금에 처한다.
   ② 개인정보처리자는 개인정보의 처리 목적에 필요한 범위에서 적합하게 개인정보를 처리하여야 하며, 그 목적 외의 용도로 활용할 수 없다.
   ③ 개인정보의 처리 여부를 확인하고 개인정보에 대한 열람 및 전송을 요구할 권리가 있다.
   ④ 국가와 지방자치단체는 만 14세 미만 아동이 개인정보 처리가 미치는 영향과 정보주체의 권리 등을 명확하게 알 수 있도록 만 14세 미만 아동의 개인정보 보호에 필요한 시책을 마련하여야 한다.

05. 평소 사소한 것에 지나친 입장을 견지하여 경고를 남발하다가 결정적인 순간에 전파한 경고를 무감각하게 받아들임으로써 적절한 대응을 못하게 되는 경우에 발생하는 분석관의 인지적 오류는 무엇인가?
   ① 인식론적 경직성
   ② 늑대소년효과
   ③ 집단 사고
   ④ 미러 이미지

06. 다음 CIA가 정보보고서 작성시 적용하는 보고서 작성원칙이 아닌 것은?
   ① 결론은 미괄식으로 서술하라
   ② 보고서의 형태를 준수하라.
   ③ 능동태로 표현하라.
   ④ 적합한 언어를 사용하라.22.

07. 다음 FBI에 대한 설명 중 다른 것은?

① 제2차 세계대전이 종료된 직후 후버 국장이 FBI의 영역을 해외까지 확대시키려는 계획을 제시했지만, 1947년 CIA가 설립되면서 FBI의 활동범위는 국내로 축소되었고, 해외주재 미국 대사관에 파견되는 FBI 대표부도 폐지되었다.
② FBI국장의 임기는 최고 10년을 보장하며, 상원의 인준을 얻어 대통령이 임명한다.
③ FBI는 법무부 산하기관으로 연방정부의 수사기관이면서 수사권을 보유하고 있으며, 방첩 및 대테러 임무를 수행한다.
④ 9.11테러이후 FBI 산하 국가안보부(National Security Branch, NSB)가 창설되었고, NSB는 FBI 산하기관이면서도 DNI의 지휘 감독을 받고 있는 특징이 있다.

08. 분석관은 정책결정자와 밀접한 관계를 유지함으로써 정책결정자들의 정책결정에 적합한 분석자료를 제공해 주는 것이 바람직하다고 주장한 학자는?

① 마크 로웬탈 ② 베츠
③ 로이 갓슨 ④ 라쿠어

09. 다음 중 영상정보에 대한 설명으로 틀린 것은?

① 영상정보는 야간 및 악천후시 정보수집이 제한된다.
② 본격적인 영상정보 수집활동은 20세기에 들어서서 시작되었다.
③ 영상정보를 획득하기 위한 수집수단으로서 주로 정찰위성과 항공기가 활용되고 있다.
④ 영상정보는 적 시설, 장비의 위치, 적 지형의 특징, 적의 활동 사항 등에 대하여 정확한 정보를 제공한다.

10. 러시아 정보기구에 대한 설명 중 다른 것은?

① FSB는 러시아 엘리트 집단으로 연방통신업무까지 수행한다.
② SVR은 해외근무 및 거주하는 러시아인과 그 가족 보호임무도 수행한다.
③ GRU는 1918년 레닌의 지시로 붉은 군대 창설자인 트로츠키가 설립하였다.
④ SVR은 자체 위성을 운용하여 해외관련 전화, 팩스, 컴퓨터 통신에 대한 광범위한 감청활동을 수행한다.

11. 미국 국가정보학 연구동향과 관련된 내용 중 다른 것은?
   ① 미국내 정보연구는 1970년대 베트남전쟁과 워터게이트사건으로 관심이 저조, 학계의 연구가 미약하였다.
   ② 9.11테러이후 국가정보에 대한 관심이 증대, CIA대학에 정보관련 강좌 300여개가 개설되었다.
   ③ 1974년부터 CIA에 국가정보학연구센터(CSI)가 설립, 국가정보학 연구를 전국적으로 추진하였다.
   ④ CIA는 1955년 9월 켄트의 주도하에 '정보연구(Studies in Intelligence)' 학술지를 발간하여 정보관련 연구들이 발전할 수 있는 계기를 마련하였다.

12. 양적분석기법에 대한 설명으로 옳지 않는 것은?
   ① 어떤 현상의 경험적·객관적인 법칙을 중시하면서 외부로부터 설명하는 접근방법이다.
   ② 베이지안 기법은 복수의 가설을 설정한 후 추가정보 입수에 따라 본래 가설을 재산정하면서 걸러내어 최적의 결론을 도출해 내는 방법이다.
   ③ 어떤 현상의 배경과 인과관계를 중시하는 결과 행위자의 주관적 의도를 파악하는데 유용하다.
   ④ 양적 분석기법에는 베이지안기법, 폴리콘과 팩션즈, 의사결정나무기법, 통계분석기법, 기타 각종 OR기법 등이 있다.

13. 다음 중 공개정보의 장·단점에 대한 설명으로 적절치 않은 것은?
   ① 공개정보는 인간정보에 비해 수집된 정보내용의 기만과 조작에 취약하다.
   ② 공개정보는 행정기관의 보안문제로 접근이 어려워 수집과 활용이 제한된다.
   ③ 수집된 정보의 양이 너무 많아서 신뢰성 있는 자료를 선별하는데 많은 비용과 시간이 소요된다.
   ④ 자료수집시 접근성이 좋고 수집비용이 저렴하다.

14. 다음 테러방지법에 대한 설명으로 옳지 <u>않은</u> 것은?

① 대테러활동에 관한 정책의 중요사항을 심의·의결하기 위하여 국가테러대책위원회를 둔다.
② 대테러활동과 관련된 사항을 수행하기 위하여 국가정보원 소속으로 관계기관 공무원으로 구성되는 대테러센터를 둔다.
③ 2016년 3월 국가대테러활동지침을 폐지하고, 「국민보호와 공공안전을 위한 테러방지법」이 제정되었다.
④ 관계기관의 대테러활동으로 인한 국민의 기본권 침해 방지를 위하여 테러대책위원회 소속으로 대테러 인권보호관 1명을 둔다.

15. 다음 CPCON 대한 설명 중 다른 것은?

① 경보가 격상될 때마다 국방부와 각군본부, 군단급부대에 편성된 정보전 대응팀(CERT)과 방송국, 은행 등 민간에게도 발령한다.
② 북한의 사이버전 징후가 감지되면 합참의장이 단계적으로 CPCON을 발령한다.
③ 한반도에서 위기가 발생할 경우 한미 연합사령관이 발령하는 전투준비태세인 '데프콘'에서 따온 작전개념으로, 2001년 4월 1일부터 시행되었으며, CPCON 명칭으로 2021년 1월 1일 변경되었다.
④ CPCON은 5급-4급-3급-2급-1급 5개 단계로 구성되며, 각 단계별로 발령한다.

16. 다음 산업기밀보호법에 대한 설명 중 옳지 <u>않은</u> 것은?

① 산업기술보호위원장은 산업자원부장관이며 위원은 25인이다.
② 국가핵심기술을 해외에 유출한 경우에는 3년이상의 유기징역과 15억원 이하의 벌금을 병과한다.
③ 국가핵심기술을 수출할 경우에는 국정원장의 승인을 받아야 한다.
④ 국가핵심기술의 지정·변경·해제의 기준 및 절차는 대통령령으로 정한다.

17. 다음 설명하는 북한의 정보기관으로 적절한 것은?

> 2009년 2월 당과 군에 흩어져 있던 대남·해외 정보기관들을 통·폐합하여 신설되었다. 노동당의 작전부와 35호실, 군 총참모부의 정찰국을 통합하여 대남공작은 물론 해외공작 권한까지 모두 장악하였다.

① 정찰총국
② 국가안전보위성
③ 문화교류국
④ 보위국

18. 다음 사이버테러 대응기관 연결이 적절치 않은 것은?
① 과학기술정보통신부-사이버침해대응본부
② 국가정보원-국가사이버안보센터
③ 국방부-사이버작전사령부
④ 경찰청-국가수사본부 사이버수사국

19. 손자병법중 손자가 가장 중요시 한 용간은 무엇인가?
① 향간
② 내간
③ 생간
④ 반간

20. 왜곡현상을 줄이고 최대한 사실과 부합하게 '미러이미지'를 방지할 수 있는 기법은 무엇인가?
① 악마의 대변인
② 레드팀
③ 경쟁가설 기법
④ 핵심전제조건 점검

21. 방첩에 대한 설명으로 적절치 않은 것은?
① 방첩은 대응방식에 따라서 수동적 방첩과 능동적 방첩으로 분류될 수 있다.
② 외국의 정보활동에 대응하기 위한 기법 개발과 제도 개선도 방첩활동에 해당한다.
③ 방첩의 대상에는 적성국만 해당하며 우방국은 해당하지 않는다.
④ 공격적 방첩활동에는 역용, 기만, 침투공작 등이 있다.

22. 비밀분류에 대한 설명으로 틀린 것은?
   ① 비밀취급 인가를 받은 사람은 인가받은 비밀 및 그 이하 등급 비밀의 분류권을 가진다
   ② 비밀은 분류 시 비밀 보호를 위해 최고등급의 비밀로 분류해야 한다.
   ③ 비밀을 생산하거나 관리하는 사람은 비밀의 작성을 완료하거나 비밀을 접수하는 즉시 그 비밀을 분류하거나 재분류할 책임이 있다.
   ④ 비밀 원본에 대하여 보호기간이 만료되어도 생산기관의 장은 직권으로 계속 보관할 수 있다.

23. 다음 중 사이버해킹이 아닌 것은?
   ① 바이러스 유포
   ② 사이버절도
   ③ 전자문서 도용
   ④ 개인신용정보 도용

24. 비밀정보의 배포기술 중 다른 것은?
   ① Brush Pass는 공공장소에서 지나치면서 물건을 건네는 방법이다.
   ② Dead Drop은 직접 만나지 않고 특정한 장소에 보관하여 수령자가 차후 가져가는 방법이다.
   ③ Letter Box는 비밀사서함이나 공공보관함을 이용, 주고받는다.
   ④ Devoke는 사진, 글, 기타 다른 매체에 메시지를 숨겨서 전달하는 방법이다.

25. 정보기관에 대한 의회의 통제범위를 벗어난 것은?
   ① 정보기관 직원의 업무범위와 적절성
   ② 예산의 적절성
   ③ 정보기관 정보순환과정의 책임 명확화
   ④ 정보기관의 정치적 중립성

19 | 2024 국가정보학 7급 기출문제

01. 정보보고서와 관련된 내용 중 가장 적절하지 않은 것은?

① 기본정보는 상황 또는 사물의 정적인 상태를 기술하는 것으로서 기본적 항목과 내용에 대해 기술하는 것이다. 정책결정자가 가장 관심이 있는 정보로써 적대 국가 또는 적대세력의 위협에 대해 경보정보도 기본정보에 속한다.

② 정보보고서는 시간적 특성에 따라 기본정보, 현용정보, 판단정보로 나눌 수 있는데, 이와 같은 분류는 셔먼 켄트가 처음으로 사용한 이래 오늘날 널리 사용되고 있다.

③ 현용정보는 어떤 조직이나 사건에 대해 현재 시점의 정세나 동향을 설명하는 것이다. 일간, 주간, 월간 등의 정기 보고서는 대부분 진행 중인 사건과 현재 정세나 동향을 보고한다는 점에서 현용정보에 속한다.

④ 판단정보는 현재의 상황파악을 기초로 앞으로 어떻게 전개될 것인가를 예측하고 선택 가능한 정책대안을 검토하는 것이다. 판단정보는 미래 예측을 바탕으로 향후 선택 가능한 정책 대안을 제시하기도 한다.

02. 산업보안에 대한 설명으로 가장 적절치 않은 것은?

① 미국은 소련이 붕괴한 이후 신안보위협 대응과 함께 산업보안 나아가 경제안보활동을 강화하고 있는데, 1996년에는 '산업스파이법'을 제정하였다.

② 일본은 행정부 차원에서 '지식재산보호전략'을 수립하여 대응하고 있으나 법률적 뒷받침이 없어 효율적인 산업보안 활동이 이루어지지 않고 있다.

③ 독일은 연방경제기술부가 주무 부처가 되어 연방 산업보안협회, 주산업보안협회 등의 민간단체와 협조하는 등 정부와 기업간 산업보안 협력체제가 구축되어 있다.

④ 중국은 민사상 손해배상, 형사처벌, 행정처벌 등으로 산업기술을 보호하는데, 주무관청은 국가공상행정관리총국이며, 국가안전부는 산업스파이를 적발한다.

03. '국가정보 우선순위의 행태'와 관련된 설명으로 가장 적절치 <u>않은</u> 것은?

① OIR(특별정보요구)은 정보사용자가 긴급한 정책수행을 위해 PNIO에 우선하여 특별히 긴급하게 요구하는 정보이다.
② EEI(첩보기본요소)는 OIR을 기초로 하여 국가정보기관의 각 부서 및 부문정보기관이 수집해야 할 첩보의 우선순위다.
③ PNIO(국가정보목표 우선순위)는 국가에서 필요한 정보 요구사항을 중요도에 따라 정리한 국가정보활동 종합계획서이다.
④ SRI(특별첩보요구)은 사전 첩보 수집계획에는 포함되지 않았으나 시급히 첩보를 수집해야 할 것을 요구하는 것이다.

04. 미국 정보기관의 발전에 대한 설명으로 가장 적절치 <u>않은</u> 것은?

① 조지 워싱턴은 독립전쟁 과정에서 정보의 중요성을 인식하고 컬퍼 스파이조직을 활용하는 등 많은 노력을 하였으나 전문성이 부족하였다.
② 남북전쟁 당시 링컨 대통령은 사설 탐정 핑거튼 을 고용하였고, 터브먼은 북부군 스파이로서 몽고메리 대령과 협력하여 비밀작전을 수행하였다.
③ 미국은 제1차 대전 이후 일본의 통신을 감청하고 해독하기 위해 매직 프로그램을 운영하였으나, 2-5명의 적은 인원만 배치하였기 때문에 진주만 공격을 사전에 파악하는데 실패하였다.
④ 프랭클린 루즈벨트 대통령은 1942년 도노반을 수반으로 하는 전략정보국을 설립하였고, 전략정보국은 제2차 대전 종전을 앞두고 CIA로 개편되어 작전 기간 중요한 역할을 수행하였다.

05. 기술정보수집에 대한 설명으로 적절한 것은?
   ① 신호정보수집에는 전자정보수집, 통신정보수집, 영상정보수집이 포함된다.
   ② 지리공간정보를 담당하는 미국의 정보기관은 인공위성을 개발하고 수집하는 국가정찰국과 수집첩보를 분석하는 국가지리공간정보국이 있다.
   ③ 징후계측정보 수집을 위해서는 1978년 해외정보감시법에 따라 법원의 허가를 받아야 하는데, 법원은 엄격한 조건이 충족되는 경우에만 허가를 한다.
   ④ 기술정보 수집의 장점은 정보관이 접근하기 어려운 지역의 첩보를 수집할 수 있고, 인간정보수집보다 상대적으로 비용도 저렴하다는 것이다.

06. 북한이 발사한 정찰위성과 관련한 설명으로 가장 적절치 않은 것은?
   ① 북한은 2023년 11월 평안북도 소재 서해 위성 발사장에서 '천리마-1형' 로켓에 '만리경-1호' 정찰위성을 탑재하여 발사하였다.
   ② 미국, 호주, 일본, 한국은 미사일 기술을 조달한 강경일, 리성일 등 북한의 8명과 정찰총국 제3국 산하 해커조직 '김수키'에 대해 제재 조치를 발표하였다.
   ③ 한국은 2023년 12월 광학·적외선(EO·IR) 위성에 이어 2024년 4월 전천후 감시가 가능한 영상레이더(SAR)를 탑재한 위성발사에 성공하였다.
   ④ 북한 '만리경-1호' 위성은 500km 고도에 안착하지 못하고 불안정한 궤적을 보이고 있어 북한은 2024년 3기의 정찰위성을 추가로 발사할 준비를 하고 있다.

07. 대간첩활동에 대한 설명으로 가장 적절치 않은 것은?
   ① 대간첩활동을 위한 침투의 방법에는 현지 스파이, 이중스파이, 전향자 활용 등이 있는데, 자국에 침투한 적국의 스파이를 파악하는 방법으로도 유용하다.
   ② 대간첩활동을 위한 첩보수집은 주로 적대국 정보기관의 조직, 인물, 정보기법 등을 수집하는데 공개자료, 인간정보수집, 기술정보수집 등을 통해 수집한다.
   ③ 망명자가 제공하는 정보는 이중 스파이일 가능성을 염두에 두고 진술하는 정보의 정확성, 신뢰성 등을 객관적으로 평가해야 한다.
   ④ 스파이 용의자를 발견하면 방첩 수사에 착수해야 하는데 스파이 활동을 차단하려고 할 때는 철저하게 비노출 간접활동으로 감시해야 한다.

08. 인원보안의 수단이란 사람을 관리하는 수단을 말한다. 다음 중 인원보안 내용과 가장 거리가 먼 것은?

① 보안조치란 취득한 기밀을 누설하지 않겠다는 다짐을 받는 것으로써 심리적인 압박을 주어 기밀을 철저히 보호하는 데 목적이 있으므로 개별적으로 하는 것보다 여러 명을 단체로 하는 것이 효과적이다.

② 신원파악이란 공직자의 신분이나 중요 자격, 허가취득자 등에 대해 생활정보를 사전에 파악하는 것으로서 대표적인 것이 신원조사이고, 대상자로부터 신상명세서나 인사기록카드를 작성, 제출받거나 개별 면담을 하는 것도 일종의 신원파악이다.

③ 효과적인 보안관리를 하기 위해서 구성인원들이 보안의 대상에 대한 정확한 이해와 실천의지, 보안관련 직무지식을 지니는 것이 필요하다.

④ 동향파악관련, 신원파악 단계에서 신원이 안전하다는 판정을 받고 일단 임용되거나 일정한 자격을 부여받은 사람도 주변환경과 접촉하는 사람으로부터 많은 영향을 받아 직무자세, 준법성에 문제가 있을 수 있으므로 중요 기관 또는 중요직의 대상자를 각종 불순한 기도나 유혹으로부터 보호하는 것이 매우 중요하다.

09. 다음에 나타난 정보의 질적요건 두 가지를 순서대로 나열한 것으로 가장 적절한 것은?

> 정보는 ㉠ 정책결정에 필요한 판단의 근거를 제공하는 매우 중요한 역할을 하기 때문에 생산자나 사용자의 의도에 따라 정보가 주관적으로 왜곡되어서는 안 된다. 왜곡될 경우 정보는 생산자나 사용자가 선호하는 정책을 합리화하는 도구로 전락하게 된다. 또한 ㉡ 정보의 내용이 어느 정도 사실과 부합하는가를 나타내는 것으로, 이러한 수준이 높을수록 가장 최선의 정책결정이 가능하고, 최대효용의 국가이익을 추구할 수 있다. 이는 수집된 자료의 신빙성에 있다.

① ㉠ 정확성　　　　　　　　　　㉡ 적합성
② ㉠ 정확성　　　　　　　　　　㉡ 객관성
③ ㉠ 객관성　　　　　　　　　　㉡ 정확성
④ ㉠ 객관성　　　　　　　　　　㉡ 적합성

10. 테러리즘에 대한 설명으로 가장 적절치 않은 것은?
   ① 한국은 김선일씨 피살사건을 계기로 테러방지법 제정의 필요성이 제기되었으나 국민의 기본권 침해 가능성 등을 이유로 아직도 제정이 이루어지지 않고 있다.
   ② 9·11 사건을 계기로 테러에 대한 국제적 관심이 고조되었으며, 미국은 애국법을 제정하고 테러조직 근절을 위해 아프가니스탄에 대한 전쟁을 시작하였다.
   ③ 대테러 국제협력을 위해 미국은 유럽, 중동, 아시아 국가들이 회원으로 참여하는 대테러 정보센터를 구성하여 상호 정보협력을 강화하였다.
   ④ 오늘날 해킹 기술을 이용하여 인프라를 공격하고 정보를 절취하는 사이버테러가 자행되고 있는데, 정부는 북한 해킹조직 '김수키'에 대해 2023년 독자 대북 제재를 하였다.

11. 다음 내용에 해당하는 비밀공작으로 가장 적절한 것은?

   > 이 비밀공작은 자국에 대한 상대국의 지지자, 동조자를 확보하기 위한 목적으로 자국의 정치 체제, 사상, 신념, 가치를 전파하기 위한 조직적인 활동을 의미한다. 가장 오래되고 기본적인 정치적 기술이다. 자기주장의 합리성을 강조하고 상대방은 부당하고 오류를 범하고 있다고 하며, 자기에게는 유리하도록 하면서 상대국에게는 불리하도록 조장하는 활동을 한다.

   ① 정치공작
   ② 선전공작
   ③ 전복공작
   ④ 준군사공작

12. 국정원의 직무에 대한 설명으로 가장 적절치 않은 것은?
   ① 중앙행정기관 및 그 소속기관과 국가인권위원회, 고위공직자범죄수사처 및 「행정기관 소속 위원회의 설치·운영에 관한 법률」에 따른 위원회 대상 사이버 공격 및 위협에 대한 예방 및 대응
   ② 국가안보와 국익에 반하는 북한, 외국 및 외국인·외국단체·초국가 행위자 또는 이와 연계된 내국인의 활동을 확인·견제·차단하고, 국민의 안전을 보호하기 위하여 취하는 대응 조치
   ③ 국가기밀에 속하는 문서·자재·시설·지역 및 국가안전보장상에 한정된 국가 기밀을 취급하는 인원에 대한 보안업무와 각급 기관에 대한 보안감사
   ④ 형법 중 내란의 죄, 외환의 죄, 군형법 중 반란의 죄, 암호 부정사용의 죄, 군사기밀보호법에 규정된 죄에 관한 정보를 수집·작성·배포

13. 비밀 분류의 원칙 및 지침으로 가장 적절하지 않은 것은?

> ㄱ. 비밀은 그 자체의 내용과 가치의 정도에 따라 분류하여야 하며, 다른 비밀과 관련하여 분류해야 한다.
> ㄴ. 비밀은 적절히 보호할 수 있는 최고등급으로 분류하되, 과도하거나 과소하게 분류하여서는 아니된다.
> ㄷ. 각급기관의 장은 비밀분류를 통일성 있고 적절하게 하기 위해 세부 분류 지침을 작성하여 시행하여야 한다. 이 경우 세부 분류 지침은 공개하지 않는다.
> ㄹ. 비밀은 그 자체의 내용과 가치의 정도에 따라 분류하여야 하며 다른 비밀과 관련하여 분류해서는 아니된다.

① ㄱ, ㄴ
② ㄴ, ㄹ
③ ㄴ, ㄷ
④ ㄱ, ㄹ

14. 우리나라 사이버전 대응책에 대한 설명으로 가장 적절치 않은 것은?

① 중앙행정기관, 지방자치단체 및 공공기관의 정보통신망은 「사이버 안전관리규정」에 의거, 주요 정보통신기반시설은 「정보통신기반보호법」에 의거, 군사분야 정보통신망은 「정보통신망 이용 촉진 및 정 보호 등에 관한 법률」에 의거하여 각각 사이버전 대응 체제를 구축하고 있다.
② 사이버 공격에 대한 국가차원의 체계적인 대응을 위하여 국가정보원장 소속하에 '국가사이버안전센터'를 설립하여 국가공공기관 정보통신망에 대한 관제 업무를 수행하고 있다.
③ 중앙행정기관의 장은 사이버 공격으로 인한 사고의 발생 또는 징후를 발견할 경우 피해를 최소화하는 조치를 취하고, 그 사실을 국가정보원장에게 통보하며, 국가정보원장은 그 피해가 심각하다고 판단되는 경우 범정부적인 사이버 위기 대책 본부를 구성하여 운영할 수 있다.
④ 민간부문 정보통신망은 한국인터넷진흥원 소속 '인터넷침해사고대응 지원센터'가 실시간 모니터링을 실시하여 사이버공격을 탐지하고 이에 대응하고 있다.

15. 다음 내용에 해당하는 활동으로 가장 적절한 것은?

> 대간첩에서 시작된 개념으로 고대 전쟁에서도 정보활동의 일환으로 중요시 되었다. 과거 인원보안 위주의 수동적 활동에서 탈냉전 이후 세계화 및 정보화로 능동적 활동으로 확대 되었다. 테러, 마약, 국제범죄, 사이버테러 등 초국가적인 안보 이슈가 새로운 활동의 요소로 부각되고 있다.

① 보안 ② 방첩
③ 감청 ④ 대테러

16. 보의 순환과정을 요구, 수집, 처리, 분석, 배포의 5단계로 나누면, 요구와 분석에 해당하는 것을 각각 순서대로 적절하게 고른 것은?

> ㄱ. 각종 정보활동을 통해 필요한 자료와 첩보를 구한다.
> ㄴ. 국가정보기관이 필요한 정보 수요가 있을 경우 전체계획을 수립한다.
> ㄷ. 획득된 각종 첩보에 대해 분석관이 분석하기에 적합한 상태로 변환하는 작업을 수행한다.
> ㄹ. 생산된 정보보고서를 정보수요자에게 전달하는 과정으로 정보 생산자와 소비자간 효율적인 소통이 요망된다.
> ㅁ. 양적분석과 질적분석, 장기분석과 단기분석의 균형이 필요하며 정보관이나 정보조직 내에서의 분석이 오류를 피해야만 정보 왜곡을 최소화할 수 있다.

① ㄱ, ㄹ ② ㄴ, ㄷ
③ ㄱ, ㅁ ④ ㄴ, ㅁ

17. 국가정책과 정보의 관계에 대한 설명으로 적절치 않은 것은?
① 국가정보는 국가안보, 군사작전, 외교정책을 결정하는 중요한 자료이므로 국가의 정보활동을 어떻게 계획하고 추진할 것인가 하는 정보정책은 대단히 중요하다.
② 미국의 부시 대통령이 이라크 핵개발 의혹을 뒷받침하는 CIA 정보에 기초하여 이라크 침공을 결정한 것이 정보실패인지, 정책실패인지에 대한 논란이 있다.
③ 국가정보는 국가정책의 효과와 비용 등을 검토하고 예측, 평가할 수 있다는 점에서 정책을 지원하는 것을 넘어 정책을 주도하는 기능을 할 수 있다.
④ 국가정보는 전략적 기습을 예방하는 것이 중요한 임무이며, 적대국의 역량과 전략적·전술적 의도를 추적하고 위협을 분석·평가하는 것이 필요하다.

18. 다음 내용에 해당하는 정보분석기구의 유형으로 가장 적절한 것은?

- 제2차 세계대전 이전 미국의 각 정보기관이 개별적으로 수집 및 분석 활동을 한데서 유래했다.
- 부서간 교류 없이 수집 및 분석된 정보는 해당 부서에서 활용했다.
- 장점은 생산 부처에 필요한 정보를 신속하게 제공, 부처 업무에 전문성이 있는 분석관이 분석함으로써 신뢰성이 증가했다.
- 단점은 정보분석의 중복, 협업 부족으로 조기 경보에 제한 요소가 있었다.

① 분산형
② 혼합형
③ 중앙집중형
④ 경쟁적 분석형

19. 미국의 경우, 국가이익의 종류는 사활적 이익, 핵심적 이익, 중요한 이익, 지엽적 이익으로 구분된다. 다음 중 핵심적 이익을 설명한 것으로 가장 적절한 것은?

① 방치하더라도 비교적 적은 손실만이 예상되는 사항으로 주의 깊게 관찰하는 자세가 필요하다.
② 적절한 대응을 하지 않고 방치할 경우, 심각한 손실이 예상되는 사항으로 지속적이고 광범위한 대책강구가 필요하다.
③ 국가의 존립을 위협하는 사태나 국가 간 전쟁과 같은 상황에서 대통령의 깊은 주의와 결단, 신속한 조치가 필요하다.
④ 국가의 안전보장과 질서에 치명적인 손실을 초래할 수 있는 사항으로 가능한 단시일 내에 강력한 대응이 요구되며, 행정부의 긴급한 기획 및 대통령의 깊은 관심이 요망된다.

20. 다음 내용에서 정보의 효용에 해당하는 것으로 가장 적절한 것은?

> 다다익선, 정보화 시대에서 정보의 양이 국가의 정보역량을 대변한다. 오늘날 강대국들은 정보전을 수행하고 있고 다양한 정보수집 매체를 통해 축적한 정보의 양이 그 국가의 영향력을 좌우한다고 해도 과언이 아닐 것이다.

① 시간효용
② 통제효용
③ 접근효용
④ 소유효용

21. 국군 방첩사령부에 대한 설명으로 가장 적절치 않은 것은?

① 주요 업무에 군사보안, 대테러, 방산보안, 보안감사, 인원보안, 경호경비, 방첩정보, 방첩수사, 과학수사가 포함된다.
② 국군방첩사령부는 광복 이후 태동기를 거쳐 1950년 육군 특무부대가 창설되었고, 1977년 국군보안사령부, 1991년 기무사령부, 2018년 군사안보지원사령부로 개편되었다가 2022년 11월 현재 명칭으로 변경되었다.
③ 방첩 수사와 관련 국가보안법 위반 사범은 수사할 수 있으나 군인, 군무원에 대해서만 수사할 수 있고 민간인에 대해서는 수사할 수 없다.
④ 국군방첩사령부는 방산 보안 활동의 일환으로 방산 수출입 지원시스템을 관리하고 있는데 방위산업을 육성하고 핵심 방산기술을 보호하기 위하여 마케팅 지원, 수출입 신고, 허가 절차, 익명신고센터 등을 운영하고 있다.

22. 국가정보의 분류에 대한 설명으로 가장 적절치 <u>않은</u> 것은?

① 정보 목표의 대상에 따라 국내정보와 국외정보로 구분되는데, 오늘날 대부분의 민주국가는 국외정보에 집중하면서 국내 정보활동은 법적으로 금지하는 경향이 있다.
② 사용목적에 따라 국가의 정책 수립과 집행을 지원하는 정책정보와 국가안보에 위해가 되는 간첩·반국가활동 세력에 관한 보안정보로 구분된다.
③ 정보의 시계열적 특성에 따라 비교적 변하지 않는 기본정보, 변화 동향 및 현재 상태의 의미 등에 대한 현용정보, 미래의 추세와 전망에 대한 판단정보로 구분된다.
④ 공작원·협조자·망명자 등을 이용한 인간정보, 항공기·인공위성·감청 장치·레이더 등 과학기술장비를 이용한 기술정보, 신문·방송·인터넷·학술지 등을 이용한 공개정보로 구분하는 것은 수집방법에 의한 분류이다.

23. 정보분석의 5단계에 대한 설명으로 가장 적절치 <u>않은</u> 것은?

① 분석과제 정의는 정보가 필요한 이유와 분석관에게 요구하는 내용을 파악하는 것인데, 예를 들어 우크라이나 전쟁에 대한 정보요구가 있었다면 전쟁 상황파악을 요구하는 것인지, 북한의 무기제공 실태 파악을 요구하는 것인지 등을 검토하는 것이다.
② 가설설정은 분석과제와 관련하여 존재할 수 있는 모든 가능성을 고려하여 최대한 많은 가설을 도출하되, 상식적으로 수용할 수 있는 범위를 넘어서는 가설은 오히려 정상적인 분석판단에 지장을 초래할 수 있으므로 배제해야 한다.
③ 첩보 수집은 수집부서에 수집을 요청하거나 축적된 데이터베이스 검색 등을 통해 이루어지는데, 첩보가 입수되면 우선 신뢰성 평가를 하여 기만첩보를 제거해야 한다.
④ 가설검증은 유리한 가설이라 하더라도 결정적으로 배치되는 확실한 증거자료가 있는지 확인하는 것이 중요하며, 이 과정에서 분석관의 인지적 편견을 제거하는 것이 중요하다.

24. 다음 내용의 개념을 수행하기 위한 수단 중 가장 거리가 먼 것은?

> 국가정보 등 정보기관의 활동에 대해 업무 범위와 책임의 소재 및 한계를 분명히 함으로써 권한을 자의적으로 오용 또는 악용하지 않 도록 법, 제도, 기타 여러 통제 방법을 통해 견제함을 의미한다. 이는 효율적이고도 안정적으로 목표에 부합하는 업무를 수행할 수 있도록 하는 일련의 조치를 말한다.

① 언론 감시
② 국회에 의한 통제
③ 학술, 연구기관에 의한 감시
④ 최고 통치권자에 의한 직접 통제

25. 해킹 메일 예방대책으로 정보담당관이 조치해야 할 사항으로 가장 적절치 않은 것은?

① 의심 메일 수신시 발송자에게 동일 메일로 발송여부를 확인하고 그 후에 열람한다.
② 기관 내부에서 메일, 메신저, P2P, 소셜 네트워크 사이트의 접속을 차단한다.
③ 인터넷 PC에 업무용 USB 메모리 연결금지 및 비인가 USB를 차단한다.
④ 운영체제 및 문서 편집기에 최신 보안패치 및 백신 업데이트를 실시한다.

2024 국가정보학 9급 기출문제

01. '정보의 순환 과정' 설명 관련 가장 적절한 것은?

① 전통적 정보 순환 모델에 따르면 정보생산 과정에 정보기관들의 요구사항이 반영되기도 했다.
② 세계 각국의 정보기관들은 선진국 모델을 참고했기 때문에 대부분 정보순환과정이 유사하게 운영체계를 지니고 있다.
③ 정보의 순환 과정은 단순화 될수록 효율적이기 때문에 환류 과정은 필요하지 않다.
④ CIA는 정보 순환과정을 기획 및 지시, 분석, 생산, 배포의 4단계로 구분하고 있다.

02. 공개출처정보(OSINT)의 특징과 장단점에 대한 설명으로 가장 적절치 않은 것은?

① 누구나 쉽게 접근하여 수집할 수 있고 비밀 출처 정보와 비교하여 효용성이 떨어진다
② 비공개 출처를 대상으로 하는 첩보수집 활동에 비해 별도의 수집 장비나 특정 인물 접촉이 필요 없어 비용과 시간이 절감되는 장점이 있다.
③ 오늘날 정보통신 혁명과 함께 인터넷, 데이터 베이스 온라인 상용망 등을 활용한 공개출처 정보 획득이 보다 용이해지고 있다.
④ 신문, 잡지, 학술지, 단행본, 정부간행물, 방송, 인터넷 등 공개적인 방법으로 수집되는 자료들을 의미하며 대체로 합법적이다.

03. 다음 중 국방부에 소속된 정보기관이 아닌 것은?

① 영국의 DI
② 프랑스의 DGSE
③ 독일의 BfV
④ 미국의 NSA

04. 다음 중 비밀의 생산과 파기시 유의해야 할 설명으로 가장 적절하지 않은 것은?
① 비밀의 생산시 사전에 배포처를 계획하여 생산한다.
② 배포처에 따라 비밀의 내용을 제한한다.
③ 배포 부서별 소요 인원의 비밀취급인가 등급에 따라 비밀을 구분한다.
④ 장래 소요 증가를 예측하여 예비용으로 여유 있게 생산한다.

05. 사이버 공간의 확대가 초래한 첩보환경의 변화에 대한 설명으로 가장 적절치 않은 것은?
① 사이버 공격 능력을 가장 증진시킨 국가로 러시아, 중국, 이란, 북한을 들 수 있다.
② 사이버 공격은 해킹, 악성 프로그램 등을 통한 사이버 범죄 수준을 넘어 국가안보에 직접적인 위협을 가하고 있다.
③ 사이버 범죄, 사이버 간첩 행위, 재산권 도용 등의 사이버 사건들이 곧 사이버 무력 공격의 조건을 갖추는 것은 아니다.
④ 국제사회는 최근의 사이버 공격이 전쟁행위를 구성한다는 점에 공감하고 있다.

06. 전자정보에 대한 설명으로 가장 적절치 않은 것은?
① 통화량 분석을 통해 쌍방간 교신이 패턴을 분석함으로써 유용한 정보를 생산한다.
② 적의 군사 장비로부터 방출되는 각종 전자파를 추적, 분석해서 얻어내는 정보를 말한다.
③ 에셜론(Echelon) 프로젝트는 미국의 대표적인 ELINT이다.
④ EORSAT는 구소련 및 러시아의 대표적 ELINT이다.

07. 정보기관의 특성에 대한 설명으로 가장 적절치 않은 것은?
① 정보기관은 국가의 통제로부터 벗어나 상당한 수준의 독립적인 정보활동을 하면서 정보 독점권을 활용할 수 있다.
② 정보기관은 타 공공 및 민간기관들과 비교하여 업무영역이 매우 광범위하고 포괄적이다.
③ 정보기관 역시 다른 정부 부처처럼 정책의 입안과 집행 등 정책결정과정을 주관한다.
④ 정보기관의 조직 및 활동의 비밀성을 유지하려는 특성으로 외부의 변화에 대해 저항하거나 폐쇄적이고 보수적인 태도를 보인다.

08. 다음은 토마스(Staford Thomas)가 제시한 국가정보 연구에 대한 네 가지 접근방법을 설명한 것이다. 가장 적절하지 않은 것은?

① 구조적 접근방법은 정보기구의 조직 구조와 문화 등을 중점적으로 분석한다.
② 정치적 접근방법은 정보와 정책 간의 관계에 초점을 둔 연구로서 정보의 정치적 의미를 평가한다.
③ 역사적 및 전기적 접근방법은 특정 시기의 역사적 자료를 1차 자료로 활용한다.
④ 기능적 접근 방법은 정보활동이나 정보가 생산되는 과정에 대한 구체적 문제를 포괄적으로 다룬다.

09. 질적 정보분석의 기법에 대한 설명으로 가장 적절치 않은 것은?

① 브레인스토밍은 참가자 모두가 의견을 자유롭게 개진하고 논의를 통해 최적의 아이디를 찾는다.
② 핵심판단기법은 다수의 가설을 설정하고 이론을 뒷받침하는 첩보와 자료를 수집, 평가하여 주요 가설로 압축한다.
③ 분기분석기법은 정책을 제안할 때 목표와 정책과의 관계를 도식화하여 목표 달성을 위한 방안을 분석한다.
④ 유추법은 설명이 어려운 현상이나 대상을 평소에 알고 있는 지식이나 과거 사례를 통해 알기 쉽게 설명하고 예측한다.

10. 정보생산자가 정보소비자에게 정보를 제공함에 있어서 고려해야 할 국가정보의 질적인 구비요건으로서 가장 적절치 않은 것은?

① 도덕성은 불법이나 비윤리적인 행위를 예방하는 정보를 제공해야 한다.
② 객관성은 편견이 없는 객관적인 정보를 제공해야 한다.
③ 적시성은 적시에 필요한 정보를 제공해야 한다.
④ 정확성은 정확하고 믿을 수 있는 정보를 제공해야 한다.

11. 방첩업무규정에 규정된 방첩 업무의 범위에 속하지 않는 것은?
   ① 다른 방첩기관 및 관계기관에 대한 방첩 관련 정보 제공
   ② 반국가사범 또는 간첩 행위자에 대한 내사 및 보안수사
   ③ 외국 등의 정보활동에 대한 확인·견제 및 차단
   ④ 외국 등의 정보활동에 대한 정보 수집·작성 및 배포

12. 다음 내용에 부합하는 미국 국가정보기구의 명칭과 임무를 바르게 짝지은 것은?

   > 1957년 아이젠하워 미국 대통령 당시 소련이 최초로 스푸트니크(Спутник) 인공위성을 발사하여 이에 위기를 느낀 아이젠하워 대통령이 통합된 군정보기구를 주문했다. 이에 각 군의 정보기관들이 통합 노력에 저항하며 반대하였지만 로버트 맥나마라 국방부 장관의 지시로 1961년 통합된 이 기구가 설립되었다.

   ① 국방정보국(DIA)은 외국의 군사능력에 관련한 정치·경제·산업·지형에 대한 정보를 수집, 분석하여 국방부 장관, 합참에 보고한다.
   ② 국방정보국(DIA)은 미국 정부기관이 사용하는 암호와 암호기구를 제작하여 암호보안을 유지한다.
   ③ 국가안보국(NSA)은 각 군의 정보기구들의 통합과 협조, 지원 등의 임무를 적극적으로 조정·통제한다.
   ④ 국가안보국(NSA)은 전 세계를 대상으로 신호정보를 수집, 분석하고 미국의 정보시스템을 보호하며 외국 암호체계를 해독한다.

13. 다음 정보실패에 대한 설명으로 적절한 것은?
   ① 정보의 생산자와 사용자 간의 관계에서 발생하는 일로 정책결정권자의 선호에 맞게 분석보고서를 작성하게 될경우 정보실패의 위험이 있을 수 있다.
   ② 정보실패의 가장 결정적인 요인은 정보분석의 오류에서 비롯된다.
   ③ 과학기술 수단(TECHINT)보다는 인간정보 수단(HUMINT)을 통해 획득한 첩보 자료가 보다 더 정확하고 신뢰성이 있어 정보실패의 위험을 감소시킬 수 있다.
   ④ 정보요원의 인지적 오류로서 거울 이미지, 늑대소년효과, 고정관념과 편견 등은 주로 첩보수집 과정에서 발생하는 문제로써 정보실패를 불러오게 하는 주요 요인이 된다.

14. 정보실패의 유형 중 상대의 능력이나 취약점을 잘못 판단하여 발생하는 정보왜곡에 대한 사례로 가장 적절한 것은?

① 1941년 일본의 진주만 기습
② 1978~1979년 이란의 샤(Shah) 정권 몰락
③ 1979년 중국의 베트남 침공
④ 2001년 9·11 테러

15. 국가정보기관의 산업보안 정보활동의 필요성과 범위에 대한 설명으로 적절한 것은?

① 정보기관의 산업정보활동이 민간 기업으로 하여금 연구개발이나 국제경쟁력 강화 노력을 촉진시킬 수 있는 요인이 될 수 있다.
② 산업정보활동은 합법적인 절차를 거쳐서 수행되며 국가의 산업경쟁력 강화를 위해 반드시 필요한 수단이다.
③ 정보기관의 산업정보활동은 이 업무를 시장의 기능이나 정부 내 타 부처가 담당하는 것보다 정보기관이 담당하는 것이 더욱 효율적이라는 것이 명백한 경우에만 정당성을 가질 수 있다.
④ 각국 정보기관은 산업정보활동에 대해 가급적 공개하고 공식적으로 활동하는 경향을 보인다.

16. 정보의 민주적 통제에 대한 설명으로 가장 적절치 않은 것은?

① 민주주의 국가에서 정보기관에 대한 통제를 소홀히 할 경우 정보기관이 정권 안정의 수단으로 악용될 수 있다.
② 정보기관에 대한 통제가 제대로 이루어지지 않으면 비효율적인 정보활동을 방치함으로 인해 소중한 국가 예산이 낭비되는 사태가 초래될 수 있다.
③ 정보기관에 대한 통제를 강화하면 정보활동을 보다 효과적으로 활발하게 수행할 수 있다.
④ 정보통제는 정보기관이 내린 정책결정이나 수행한 행위에 대해 책임성을 요구함으로써 정보기관의 잘못된 행위나 정책결정이 반복 또는 지속되는 것을 방지한다.

17. 비밀공작 특성을 설명한 것으로 가장 적절치 않은 것은?
   ① 원칙적으로 외국을 대상으로 하는 활동으로 제한된다.
   ② 배후가 명백히 드러나는 행위로서 활동이나 사실 자체에 대해 철저히 비밀을 유지하고 은폐하는 데 중점을 둔다.
   ③ 불법적이고 비윤리적인 행위를 수반하고 있어 정보기관이 수행하는 활동 중에 가장 비난을 많이 받고 있는 분야다.
   ④ 정부의 일반 부처보다는 정보기관에서 수행해야 효과를 극대화할 수 있다.

18. 제국익문사에 대한 설명으로 적절치 않은 것은?
   ① 미국, 러시아, 영국, 프랑스 등 을사조약이 무효임을 선언하는 친서를 전달하는 활동을 전개했다.
   ② 표면적으로 사보 발간 및 국가의 서적 인쇄 등 현대판 통신사 기능을 하면서 내면적으로는 정보활동을 수행했다.
   ③ 고종 황제 직속으로 1902년 설립되어 정보기관 역할을 수행했다.
   ④ 일본에 대한 테러 및 파괴 공작 활동을 은밀히 전개했다.

19. 테러 단체에 대한 설명으로 가장 적절치 않은 것은?
   ① 헤즈볼라는 1983년 창설된 레바논의 이슬람 시아파 무장 세력으로 중동지역 최대의 테러 조직 중의 하나이다. 이스라엘이 레바논으로부터 철군한 후 레바논 정당으로 의회까지 진출하고 있다.
   ② 하마스는 1987년 팔레스타인 민중봉기 이후 등장하여 현재는 가자지구 PLO 내 여당 정치 조직으로서 이스라엘과 전쟁을 하고 있다.
   ③ 이슬람 국가(IS)는 이라크 북부와 시리아 동부지역을 점령하고 있는 급진 수니파 무장단체로서 이슬람 국가 건설을 목적으로 왕성하게 움직이고 있다.
   ④ 탈레반은 1980년대 아프가니스탄을 침공한 소련에 저항하는 과정에서 결성된 시아파로서 현재도 중동지역 전역에서 활동하고 있는 무장단체이다.

20. 정책결정자가 필요로 하는 정보에 대한 설명으로 적절치 <u>않은</u> 것은?

① 경제정보, 자원개발 정보, 분쟁지역과 관련한 국가이익과 관련된 정보
② 주변국의 내부정세, 대외정책에 대한 국가 안전보장과 관련된 정보
③ 정책결정자의 이념과 선호에 따른 구체적인 정책 대안과 집행에 관련된 정보
④ 장기적인 관점에서 국제정치, 대외협상 등에 필요한 종합적인 정보

21. 정보분석에 관한 기회분석학파의 주장과 거리가 가장 먼 것은?

① 정보분석기구는 정책 입안자를 보조하는 연구 부문이다.
② 정보분석에서 중립성은 있을 수 없다.
③ 정보가 국가의 이슈를 적극적으로 다룰 것을 강조해야 한다.
④ 정치적 책임을 지는 정책결정자의 대외정책 목표를 설정하는 데 반드시 도움을 주어야 한다.

22. 국가안보를 위한 국가정보 또는 정보기관의 기능에 대한 설명으로 가장 적절치 <u>않은</u> 것은?

① 국가정보는 국가의 안보 목표를 달성하기 위한 중요한 수단이자 투입 변수라고 볼 수 있다.
② 국가정보의 모든 조직, 활동 그리고 그것을 통한 정보의 생산은 국가 안보적 이익을 증진함에 있다.
③ 국가정보는 올바른 정보를 제공해 줌으로써 정책결정권자의 선입견, 편견, 이데올로기적 독선 등을 해소시켜 주는 데 긍정적으로 기여할 수 있다.
④ 정보기관이 정책결정권자에게 최고 수준의 정보를 제공하게 되면 국가안보 목표 달성에 필요한 최선의 정책 결정이 산출된다.

23. '자료형' 정보분석 기법에 대한 설명으로 가장 적절한 것은?
    ① 현안의 맥락에서 분석의 방향을 설정하는 내재적 접근이 여기에 포함된다.
    ② 가능한 모든 첩보를 수집하고, 모자이크를 구성하듯이 하나의 그림으로 완성하는 분석기법이 여기에 포함된다.
    ③ 특수성을 지나치게 강조하면 보편적인 경향을 간과하기 쉽다는 보편 이론적 접근이 여기에 포함된다.
    ④ 자료수집 이전에 전체적인 정보구성 내용을 작성하고 정보를 맞추어 가는 기법이다.

24. 군사기밀보호법에 규정된 내용과 다른 것은?
    ① 군사기밀은 그 내용과 가치 정도에 따라 적절히 보호할 수 있는 최저등급으로 지정하여야 한다.
    ② 군사기밀의 관리·취급·표시·고지 그 밖에 군사기밀의 보호조치와 군사보호구역의 설정 등에 필요한 사항은 국방부 장관이 정한다.
    ③ 군사기밀은 그 내용이 누설되는 경우 안전보장에 미치는 정도에 따라 Ⅰ, Ⅱ, Ⅲ급 비밀로 등급을 구분한다.
    ④ 검사는 피의자가 불법으로 구속된 것이라고 의심할 만한 상당한 이유가 있으면 즉시 피의자에 대한 사건을 검찰에 송치할 것을 명하여야 한다.

25. 국가정보원의 직무범위에 대해 규정하고 있는 국가정보원법 제4조에 포함되어 있지 않은 것은?
    ① 국외 및 북한에 대한 정보의 수집
    ② 방첩, 대테러, 국제범죄조직에 관한 정보의 수집
    ③ 정부 행정 부처에 대한 보안감사 업무
    ④ 정보 및 보안 업무의 기획·조정

02 편

김민곤
국가정보학
Special EX

2014년~2024년 7급·9급 군무원 국가정보학

정답 및 해설

2014년도 9급 기출문제 정답 및 해설

1	④	2	④	3	④	4	②
5	②	6	①	7	①	8	②
9	②	10	④	11	①	12	③
13	①	14	④	15	③	16	④
17	②	18	③	19	①	20	②
21	④	22	①	23	④	24	①
25	②						

1. 정답 ④
• 해설 • 국가정보기관은 정권이 아니라 국가안보를 강화하는 임무를 수행해야 한다. 후진국의 정보기관은 국가안보와 정권안보를 구분하지 못하고 국내정치에 관여하는 경향이 있다.

2. 정답 ④
• 해설 • 국가부문정보기관은 국가정보기관이 수립한 국가정보목표우선순위에 따라 첩보기본요소를 작성한다. 기타 정보요구와 특별첩보요구는 정보소비자가 하는 것이다.

3. 정답 ④
• 해설 • 징후계측정보는 영상정보와 신호정보를 제외한 기술수단에 의해 획득한 정보를 말한다. 레이더 신호를 수집해 분석한 정보는 레이더 정보이다.

4. 정답 ②
• 해설 • 공작원(agent)는 고용한 정보기관은 실제경비 외에 인센티브 등을 제공한다. 반면 협조자의 경우 자발석으로 정보를 제공하기 때문에 실제경비만 제공하는 경우가 많다.

5. 정답 ②
• 해설 • 모든 정보분석이 판단정보일수는 없다.

6. 정답 ①
•해설• 명료성은 정보분석의 요건이 아니다.

7. 정답 ①
•해설• 의사결정나무기법은 양적분석이고, 나머지는 질적분석이다.

8. 정답 ②
•해설• 실증적이론의 분석기법은 이론을 통해 하나하나 증명해 가는 것을 의미한다. 이론화, 추론화는 질적분석이다. 따라서 의사결정나무기법은 양적분석이다.(통계화, 계량화)

9. 정답 ②
•해설• 2급비밀은 누설될 경우 막대한 지장을 초래한다.

10. 정답 ④
•해설• 비밀공작이 종료될때까지 부단한 지원이 필수이다.

11. 정답 ①
•해설• 무인기로 테러단체를 공격하는 것은 정규작전의 일환이다. 정보기관에 의한 준군사공작으로 볼 수 없다.

12. 정답 ③
•해설• 대상국가가 아닌 자국군 포로 및 인질을 구출하기위해서 정보기관이 주도하여 일부 자국특수부대가 실시한 변형된 준군사공작이다.

13. 정답 ①
•해설• 제한지역: 비밀보호하기위해 비인가자의 출입을 감시할 필요가 있는 지역
제한구역: 비인가자의 접근을 방지하기 위해 출입안내가 필요한 지역

14. 정답 ④
•해설• 비밀취급인가는 인원보안에 포함되지 않는다.

15. 정답 ③
•해설• 능동적 방첩은 방첩정보수집, 기만공작, 역용공작 등이 있다.

16. 정답 ④
•해설• 2개이상 국가가 사이버상에서 대비하는 것은 사이버전(정보전)이라 한다.

17. 정답 ②
•해설• 경찰청-사이버안전국

18. 정답 ③
•해설• 각종 대응노력에도 불구하고 해커위협은 날로 증가하고 있다.

19. 정답 ①
•해설• 전문성은 해당사항 없다.

20. 정답 ②
•해설• 공개정보가 많아졌다하여 비밀활동을 강화할 필요는 없다.

21. 정답 ④
•해설• 정보사령부는 군사정보 수집기관이다.

22. 정답 ①
•해설• 북한은 남한에서 4.19혁명이 실패한 이유를 공산혁명을 이끄는 당조직이 없었기 때문이었다고 평가하였다. 이로써 북한의 '남조선혁명론'에 의한 대남전략으로 지하혁명조직을 구축하는데 박차를 가하였으며, 그 일

환으로 1964년 3월 15일에 남한에서 비밀리에 '통일혁명당'이 조직되었다.

23. 정답 ④
해설 당 대남공작부서인 35호실이 1987년 대한항공을 폭파하였다.

24. 정답 ①
해설 평시 대남 사이버테러 및 공격을 감행하는 북한기구는 정찰총국이다.

25. 정답 ②
해설 당 대외정보조사부-35호실-현 정찰총국(5국)

2015년도 9급 기출문제 정답 및 해설

1	③	2	①	3	③	4	③
5	②	6	①	7	④	8	①
9	④	10	②	11	④	12	③
13	③	14	④	15	③	16	③
17	②	18	④	19	②	20	④
21	④	22	③	23	②	24	①
25	①						

1. 정답 ③
•해설• 국가정보학이 학문으로 성장하지 못했던 것이 타 학문에 비해 고도의 지식이 요구되기 때문이 아니다. 국가정보학 자체가 폐쇄적이고 자료공개가 어려워 연구할 수 있는 요건들이 충족되지 않았던 이유가 크다.

2. 정답 ①
•해설• 국가정보는 국가정보기관뿐만 아니라 모든 정보기관이 협력해 생산해야 한다. 국가기관은 모두 국민의 세금으로 운영되고 국가이익을 위해 존재하기 때문이다.

3. 정답 ③
•해설• 군사작전계획은 전략정보보다는 전술정보에 포함된다.

4. 정답 ③
•해설• 정보생산자는 대개 다수의 정보기관으로 구성되며 이들은 실적을 내기 위해 경쟁한다. 협력보다는 경쟁을 하는 편이며 동일한 시안에 대해 다수의 정보생산자가 집중하면서 정보자원의 낭비를 초래하기도 한다.

5. 정답 ②
•해설• 정보의 요구는 최고정책결정자나 관련 부처의 책임자 등 정보소비자, 횡적관계에 있는 정보기관, 해당 정보기관 내부의 수요 등 3가지 경로를 통해 제기된다.

6. 정답 ①

해설 드보크(dvoke)는 무인함을 말하며 스파이 등이 무기나 연락방법 등을 숨기는 장소를 말한다. U-2와 SR-71은 고도도 정찰기이고 코로나(Corona)는 미국의 정찰위성을 말한다. 에셜론(Echelon)은 미국, 영국, 캐나다, 호주, 뉴질랜드 등이 공동으로 운영하는 전세계 통신감청망이다.

7. 정답 ④

해설 최근 공개정보의 양이 폭발적으로 증가하면서 정보기관도 수집활동을 강화하고 있다. 공개정보의 수집은 첩보수집 부서에서 할당된 임무이며 전산실의 임무는 아니다. 정보기관의 네트워크 담당자는 내외부의 네트워크가 원활하게 운용되는지 감시하고 정상상태로 유지하는 업무를 하는 것에 불과하다.

8. 정답 ①

해설 비밀공작원도 인간이기 때문에 자발적인 의사가 가장 중요하다. 따라서 강압적인 방법보다는 자연스러운 설득이 효과적이다. 자연스럽게 포섭된 공작원은 충성도도 높지만 여간해서 배반하지도 않는다.

9. 정답 ④

해설 의사결정나무기법은 양적분석기법에 속한다.

10. 정답 ②

해설 시뮬레이션기법은 어떤 과제를 해결하기 위해 모형을 만들어 모형을 반복해 작동함으로써 문제점과 해결책을 찾는 방식이다. 특정사건의 연관성을 분석하기 위해 다양한 대안을 찾아 적용하는 것은 행렬분석이다.

11. 정답 ④

해설 미국의 정보기관은 정치적 접근모델을 통한 과학적 예측을 중시하지만 영국의 정보기관은 역사적인 접근방법을 선호한다.

12. 정답 ③

해설 내부 직원을 A팀과 B팀으로 나누기도 하고 내부직원은 A팀, 외부전문가는 B팀으로 구분해 경쟁을 시킨다. 양팀이 독립적으로 운영되면서 다양한 분석결과를 도출할 수 있었다. 경쟁적 분석조직 운영에 해당되는데 관료인 정보분석관은 경쟁을 싫어해 광범위하게 도입되지는 않았다.

13. 정답 ③
해설 비밀은 현재 필요한 최소 수량만 생산해야 하며 미래 수요를 대비해 추가로 생산해서는 안 된다.

14. 정답 ④
해설 객관성은 정보분석의 요건이지 정보분석보고서 작성의 요건에 포함되지는 않는다. 소비자가 원하는 시점에 제공해야 하는 적시성, 원하는 내용을 포함해야 하는 적합성, 밝혀진 사실과 그렇지 않은 내용을 구분해 주는 명료성은 정보보고서 작성요건에 포함된다.

15. 정답 ③
해설 그레이메일(grey mail)은 적의 스파이혐의나 부정부패에 연루된 정보기관 직원을 방첩당국이 기소하려고 하면 재판과정에서 비밀정보를 누설하겠다고 협박하는 것을 말한다. 대부분의 정보기관이 불법이나 비윤리적 활동을 하기 때문에 그레이메일은 매우 효과적으로 작동한다.

16. 정답 ③
해설 로버트한센(Robert Philp Hansen)은 25년 동안 러시아를 위해 간첩행위를 하다가 2010년 체포됐다. 알드리치 에임즈(Aldrich Hanzen Amas)는 9년 동안 간첩행위를 하다가 1994년 체포된 CIA직원이다. 리차드 조르게(Richard Sorge)는 2차 대전 중 일본에서 활약한 러시아 정보기관 직원이다. 해롤드 필비(Harold A. R. Philby)는 2차 대전부터 1960년대 초까지 소련을 위해 간첩행위를 한 영국 M16 직원이다.

17. 정답 ②
해설 정보통신보안은 수동적 방첩에 속한다. 능동적 방첩은 적극적인 수단을 포함하고 수동적 방첩은 수동적인 보안활동이라고 보면 된다.

18. 정답 ④
해설 국가보안법 제3조(반국가단체의 구성 등)에 반국가단체를 구성하거나 간부 등은 사형·무기 또는 5년 이상의 징역, 구성을 예비 또는 음모한 자는 10년 이하의 징역에 처한다고 명시돼 있다.

19. 정답 ②

• 해설 • 현재 미군이 무인항공기로 테러리스트들을 공격하면서 민간인 피해가 급속하게 늘어나 국제적 비난이 초래되고 있다. 테러리스트와 민간인을 구분하지 않고 공격을 감행하면서 반미정서가 확산되고 있다.

20. 정답 ④
• 해설 • 사이버 불링(bulying)은 특정인을 사이버상에서 집단적으로 따돌리거나 집요하게 괴롭히는 것을 말한다. 정보접근의 거부는 DoS(Denial of Service)'를 말한다.

21. 정답 ④
• 해설 • 합참은 군에 대한 사이버공격시에 격상을 시행하지만, 민간기관에 대한 광범위한 공격시에도, 군에 공격할 가능성이 예측되면 CP콘을 격상해 대응조치를 하고 있다.

22. 정답 ③
• 해설 • 한국 정부는 2020년까지 미국에서 글로벌 호크(Global Hawk)4대를 도입해 전략화하였다. U-2R과 SR-71은 유인정찰기고 스카우트(SCOUT)는 이스라엘의 무인정찰기이다.

23. 정답 ②
• 해설 • 1983년 미얀마 아웅산 국립묘지 폭파사건은 총참모부 정찰국이 저지른 사건이다.

24. 정답 ①
• 해설 • 2010년 3월 발생한 천안함 폭침사건은 정찰국, 2010년 11월 연평도 포격사건은 북한의 총참모부(제4군단)가 주도한 것으로 판명됐다.

25. 정답 ①
• 해설 • NGA는 1992년 출범한 NIMA(국가영상지도국)을 모체로 다수의 기관과 통합하여 2003년 11월 NGA로 재창설되었다.

2016년도 9급 기출문제 정답 및 해설

1	②	2	④	3	④	4	②
5	②	6	①	7	②	8	①
9	①	10	③	11	①	12	③
13	④	14	①	15	④	16	④
17	③	18	①	19	②	20	④
21	①	22	①	23	①	24	①
25	②						

1. 정답 ②

•해설• 정보 선진국인 미국조차도 국가정보학에 대한 연구는 50년이 채 되지 않고 한국은 겨우 10여 년에 불과한 실정이다. 따라서 관련 분야에 대한 학술자료도 부족하고 이론정립도 미흡한 편이다.

2. 정답 ④

•해설• 셔먼켄트(Sherman Kent)는 '정보는 지식(knowledge)이며, 조직(organization)이며, 활동(activity)이다'라고 정의했다. 정보를 정책적 관점에서 본 사람은 로웬탈(Mark M. Lowenthal)이다.

3. 정답 ④

•해설• 피그스만 침공은 1961년 쿠바난민을 훈련시켜 피그스만에 상륙시킨 비밀공작활동을 말한다. 당시 침공 사실을 파악한 쿠바군에 의해 대부분 사살되거나 체포됐다. 9·11테러는 2001년 발생했기 때문에 냉전 시기와 무관하다.

4. 정답 ②

•해설• 정보의 기획은 정보소비자의 요구와 자체 계획에 따라 수립해야 한다. 수집된 첩보의 평가는 수집요원보다는 분석요원이 담당하는 것이 효율적이다. 양질의 첩보를 수집하는 것이 중요하기는 하지만 이면의 진실을 파악하기 위한 정보분석의 중요성과는 비교가 되지 않는다.

5. 정답 ②

해설 북한 주민이 탈북자로 위장해 한국에서 정보활동을 했다면 생간에 해당된다. 한국 주민으로 위장했기 때문에 이중간첩인 반간이라고 볼 수도 있지만 한국 정보기관을 위해서 일을 하지 않았기 때문에 반간은 아니다.

6. 정답 ①
해설 자발적 협조자로부터 수집한 정보라고 반드시 신뢰도가 낮은 것은 아니다. 자발적 협조자 개인의 특성, 정보의 종류, 협조한 의도 등을 종합적으로 판단해 정보의 질(quality)을 평가한다.

7. 정답 ②
해설 로웬탈은 좋은 정보의 조건으로 적시성, 적절성, 이해성, 명확성을 제시했다.

8. 정답 ①
해설 악마의대변인은 소그룹단위 분석종류이며, 레드팀은 대그룹단위 분석종류의 하나이다.

9. 정답 ①
해설 세밀성은 정보배포의 원칙에 포함되지 않으며 배포정보의 비밀을 유지할 수 있는 비밀성(보안)이 포함된다.

10. 정답 ③
해설 암호자재는 2급 비밀이다. 음어자재와 관련된 내용은 3급 비밀에 포함된다.

11. 정답 ①
해설 백색선전은 정부가 스스로 출처를 밝히고 국내외에서 수행하는 선전공작을 말한다. 선진국조차도 자국내에서 다양한 선전공작을 수행하면서 정치적 갈등을 빚기도 한다.

12. 정답 ③
해설 제임스 올슨(James M. Olson)의 방첩 10계명에 따르면 '절대로 포기하지 말라(Never give up)'가 있다. '포기할 때를 알아라'는 10계명에 정면 배치된다. '역사를 알아라(Know Your History)'는 '역사를 공부하라'는 의미가 있다. 또한 '거리를 누벼라(Own Street)'는 '거리를 장악하라'라는 의미로 해석하면 된다.

13. 정답 ④

해설 오늘날 '영원한 우방도 없고 영원한 적국도 없다'는 격언이 통용되고 있는 만큼 방첩대상국은 우방국과 적국이 모두 포함된다. 정치 및 군사정보를 보호하는 것도 중요하지만 우방국의 산업정보활동도 방어해야 하기 때문이다.

14. 정답 ①

해설 리마 증후군은 1996년 페루 수도 리마에서 발생한 일본 대사관 점거사건에서 나타났다. 스탕달 증후군은 자아상실로 인한 정서혼란상태를 말하며 상대적 박탈감에서 일어난다.

15. 정답 ④

해설 국가대테러위원회 위원장은 국무총리이다.

16. 정답 ④

해설 선제공격은 적의 공격위협이 임박시 자국의 피해를 최소화하기 위해 선제적으로 공격하는 논리이다. 이때 약소국은 어차피 공격을 당하느니 기습적으로 강대국에게 선제공격을 할 수 있는 논리로도 보고 있다. 펠로폰네소스전쟁(기원전 431-404년)은 아테네의 위협과 공격임박에 대한 두려움을 느끼고 스파르타가 선제적으로 공격한 전쟁이다.

17. 정답 ③

해설 파밍(Pharming)은 개인의 PC에 악성코드를 감염시켜 정상적인 홈페이지에 접속해도 가짜 사이트로 이동하도록 유도해 개인정보를 빼가는 행위를 말한다. 수집한 개인정보로 은행계좌에서 돈을 몰래 인출한다.

18. 정답 ①

해설 군국기무처는 1894년 1차 갑오개혁 때 일본의 영향으로 만들어진 기구이며 최고 정책 결정기관으로 1894년 7월 27일부터 12월 27일까지 존속했다. 육군 특무부대는 국군기무사령부의 기원으로 1948년 5월 27일에 발족한 육본 정보국 산하의 특별조사과다.

19. 정답 ②

•해설• 정보사령부는 북한 관련 인간정보, 영상정보, 공개정보를 수집하는 군사정보기관이다.

20. 정답 ④
•해설• 김대중 정부시절 안기부에서 국정원으로 명칭이 변경됐지만 여전히 대북정보보다는 국내정보 수집에 주력함으로써 정치개입 논란을 초래했다.

21. 정답 ①
•해설• 북한 김일성은 1974년 후계자 문제를 확실히 하기 위해서 노동당의 유일사상 체계를 확립하고 10대원칙을 발표했다(이때 김정일은 초안작성에 관여했다). 3대 혁명소조운동은 1972년 헌법에 명시된 이후 1973년부터 시작됐다. 7.4 남북공동성명은 1972년에 일어난 일이다.

22. 정답 ①
•해설• INR은 국무부 산하 정보기관이다.

23. 정답 ①
•해설• 러시아의 KGB는 1991년 군사쿠데타가 실패한 후 해체됐고 해외정보수집은 SVR, 국내방첩활동은 FSB가 담당하고 있다.

24. 정답 ①
•해설• 의회는 기관장에 대해 탄핵을 소추할 수 있다. 행정명령은 행정부의 권한이다.

25. 정답 ②
•해설• 미국 의회는 1974년 Hughes-Ryan Act를 제정해 주요 비밀공작은 대통령의 재가를 받고 실행해야 하며 의회 정보위원회에도 보고하는 것을 명문화했다.

2017년도 9급 기출문제 정답 및 해설

1	②	2	③	3	④	4	③
5	④	6	①	7	①	8	④
9	①	10	④	11	③	12	②
13	④	14	④	15	①	16	④
17	②	18	①	19	④	20	①
21	①	22	②	23	②	24	③
25	①						

1. 정답 ②
•해설• 적국을 견제하기 위한 군사정책을 수립하기 위해서는 전략정보가 필요하다.

2. 정답 ③
•해설• 정책이 정보보다 상위의 개념이기 때문에 정보에 종속돼서는 안 된다.

3. 정답 ④
•해설• 정보분석관이 양적분석 기법을 선택할 것인지, 질적분석 기법을 선택할 것인지는 분석 대상이 되는 첩보의 종류나 질에 따라 결정된다고 볼 수 있다.

4. 정답 ③
•해설• 기회분석학파가 정보분석에 있어서 현실주의적 접근을 하고 있는데 미국 정보기관은 주로 과학적 예측학파에 가깝다.

5. 정답 ④
•해설• 보안업무 규정이 아니라 형법 제98조 ①항에 적시하고 있다. 적국을 위할 간첩할 경우에만 처벌하도록 되어 있어서 법적으로 우방국이나 제3국을 이롭게 하는 행위에 대해서는 처벌하는데 애매모호함이 있지만, 형법 제2조에 의거하여 내국인, 외국인 모두 처벌할 수 있다.

6. 정답 ①
해설 국가안보를 위한 통신을 제한하고자 하는 경우 내국인은 법원으로부터 영장을 발부받아야 하지만 대화 당사자가 모두 외국인일 경우에는 대통령의 승인만으로 가능하다.(통신기밀보호법 7조 ①항)

7. 정답 ①
해설 급진적 단체에 대한 방첩활동이 쉽지는 않지만 반드시 비효율적인 것은 아니다.

8. 정답 ④
해설 코인텔프로(COINTELPRO)는 FBI가 사회불온세력이나 급진단체를 와해시키기 위해 벌인 불법공작활동을 말한다.

9. 정답 ①
해설 통일부 정세분석국은 정보기관이 아니다. 정보기관은 국정원, 국방정보본부, 정보사, 777사, 안보지원사 등이다.

10. 정답 ④
해설 3권분립에 의거 입법부(국회사무총장), 사법부(법원행정처장), 행정부(국정원장)로 분리하여 보안업무를 담당한다.

11. 정답 ③
해설 대외연락부는 공작원을 남파하는 임무를 수행하고 남한과의 교류업무는 통일전선부가 담당한다.

12. 정답 ②
해설 미국 최고 국가정보기관인 CIA는 인간정보를 담당한다. 다른 정보기관들은 모두 기술정보를 담당한다. NSA는 신호정보, NRO는 영상·신호정보, NGA는 영상정보를 처리한다.

13. 정답 ④
해설 MAD는 독일의 군사정보기관이다.

14. 정답 ④
•해설• 독일의 군정보기관은 MAD이고 GRU는 러시아의 군 정보기관이다. 일본 방위성 정보본부의 영문명칭은 DIH이다.

15. 정답 ①
•해설• 러시아의 KGB가 아니라 소련의 KBG이며, KGB는 1991년 해체되었다. 따라서 현존하는 정보기관이 아니다.

16. 정답 ④
•해설• Sherman Kent는 전통주의 학파이고, Roger Hilsman이 행동주의 학파에 속한다.

17. 정답 ②
•해설• 권력에 대한 욕망, 고위험 추구, 향락을 추구하는 의지 등이 스파이의 공통된 특성이다.

18. 정답 ①
•해설• 대안분석은 질적분석과 무관하다.

19. 정답 ④
•해설• 국방부의 직할대장은 Ⅱ급 및 Ⅲ급 비밀의 지정권자에 해당된다.

20. 정답 ①
•해설• 상대방의 군사력을 무력화시키는 것은 군사활동의 목표다. 비밀공작도 정치적, 외교적 목표를 달성하기 위해 수행한다.

21. 정답 ①
•해설• 펜 – 레지스터(Pen – Registers)는 통화내용을 파악하기 위한 것이 아니라 외형적인 통계자료를 확보한다.

22. 정답 ②
•해설• 미국의 국가정보기관은 자국 기업을 감시하지 않고, 외국 정부나 기업을 감시하는데 역량을 집중하고 있다.

23. 정답 ②
해설 2단계 관심은 해외에서 사이버공격 피해가 확산돼 국내에 유입될 우려가 있을 때 발령한다.

24. 정답 ③
해설 사이버정보전은 최소의 공격으로 최대의 공격효과를 노리기 때문에 전술적 목표보다는 전략적 목표가 공격의 대상이 된다.

25. 정답 ①
해설 소련의 붕괴와 미국 경제의 불황으로 인해 천문학적인 예산지원이 불가능해지면서 지지부진한 상태이다. 또한 요격미사일의 기술개발도 미진해 계획대로 구축될지 미지수이다.

2018년도 9급 기출문제 정답 및 해설

1	②	2	②	3	③	4	③
5	③	6	①	7	①	8	①
9	③	10	④	11	①	12	①
13	②	14	④	15	①	16	③
17	③	18	①	19	④	20	④
21	①	22	①	23	④	24	②
25	④						

1. 정답 ②

•해설• 니콜라스 네그로폰테(Nicholas Negroponte)는 '디지털이다'라는 책을 쓴 대표적인 IT학계 미래학자이다. 다니엘 벨(Daniel Bell)은 미국의 사회학자로 1960년에 출간했으며 한국에는 1980년대 소개됐다. 앨빈 토플러(Alvin Toffler)는 제3의 물결, 권력 이동, 부의 미래 등을 쓴 미래학자이다.

2. 정답 ②

•해설• Sherman Kent가 '정보는 지식이며 조직이며 활동이다'라고 정의했고, 그는 미국 CIA 정보분석국의 체계를 수립했다.

3. 정답 ③

•해설• 영국의 MI6는 외무부소속의 국가부문정보기관이다. 국가정보기관은 정부부처에 소속되지 않고 행정수반 직속으로 있는 정보기관을 의미한다.

4. 정답 ③

•해설• 6·25전쟁 당시에는 중공군이 압록강 주변으로 이동한다는 정보를 수집했지만 참전하지 않을 것이라는 판단이 지배적이어서 대비하지 않았다.

5. 정답 ③
해설 민간위성보다는 군사위성의 성능이 더 우수하다.

6. 정답 ①
해설 아리랑 3호는 0.7m급 카메라를 탑재하였고, 고해상도 전자카메라를 부착했으나 악천후시에는 영상수집이 제한된다.

7. 정답 ①
해설 PNG는 '페르소 논 그라타(persona non grate)'로 기피인물이라는 의미이며 라틴어이다. 외교상의 기피인물을 가리킨다. 이는 외교관으로 임무수행하는 공직가장, 혹은 백색정보관에 해당한다.

8. 정답 ①
해설 OSINT는 공개출처정보이다.

9. 정답 ③
해설 영상정보는 기술정보에 포함되며 기술정보는 영상정보, 신호정보, 징후계측정보로 구분된다.

10. 정답 ④
해설 경국지색은 '나라를 기울게 하는 여자'라는 의미로 한나라 한무제때 나온 용어이다.

11. 정답 ①
해설 Swarm Ball은 정보분석관 모두가 정책결정자가 원하는 주제에 관심을 갖고 매달리는 현상을 말한다. Group Think 는 정보기관의 집단사고로서 기관의 오류이다.

12. 정답 ①
해설 베이지안기법은 질적 분석기법이 아니라 양적 분석기법이다.

13. 정답 ②
해설 의사결정나무(Decision Tree)기법이 도식화를 통해 다른 사람과 의사소통을 원활하게 한다.

14. 정답 ④
해설 정세분석은 정보분석 기법의 종류가 아니라 정보분석의 대상이라고 볼 수 있다.

15. 정답 ①
해설 ②는 비밀은 등급별로 구분하되 따로 보관할 필요가 없다. ③은 비밀은 보호할 수 있는 최소 등급으로 분류한다. ④는 일반문서와 같이 보관할 수 없다.

16. 정답 ③
해설 국가정보라고 해도 정책결정자뿐만이 아니라 관련 실무자들도 의사결정을 하는데 활용할 수 있다.

17. 정답 ③
해설 소련이 프랑스에서 언론사에 자금을 지원해 미국을 비판하도록 유도했다.

18. 정답 ①
해설 비밀공작은 민주주의나 공산주의와 같은 정치체제에 따라 선호가 달라지는 정책 수단은 아니다. 민주주의 국가라고 해도 국가이익과 국가안보에 필요할 경우에 비밀공작을 실행한다.

19. 정답 ④
해설 소련의 KGB가 남아공 흑인차별정책인 아파르트헤이트(인종차별정책)에는 크게 개입하지 않은 것으로 평가받고 있다.

20. 정답 ④
해설 적국의 군사정보를 수집하는 것은 방첩활동이 아니라 정보활동이라고 볼 수 있다.

21. 정답 ①
해설 외국인도 간첩죄의 처벌 대상이 된다.

22. 정답 ①
해설 형법 제81조 '암호 부정사용'에 해당될 경우에는 2년 이상의 유기징역이나 유기금고에 처한다. 암호를 허가 없이 수신한 사람은 처벌할 수 없다.

23. 정답 ④
해설 반국가단체는 2인 이상의 특정인이 지휘통솔체계를 갖춘 경우에 해당된다.

24. 정답 ②
해설 동남아시아는 인도네시아, 말레이시아, 필리핀 등에 이슬람신도가 많이 거주하고 있으며 테러도 자주 발생하고 있다.

25. 정답 ④
해설 삼합회는 홍콩, 대만, 중국 본토를 넘어 영미권, 남미권 등 전세계 대부분의 국가에서 활동하고 있다.

2018년도 7급 기출문제 정답 및 해설

1	①	2	④	3	①	4	④
5	③	6	④	7	②	8	①
9	②	10	④	11	③	12	③
13	③	14	①	15	④	16	①
17	③	18	④	19	②	20	①
21	④	22	①	23	③	24	④
25	②						

1. 정답 ①
•해설• 사이버테러방지법은 2006년 발의된 이후 2016년 대통령의 요구로 여당이 통과시키려고 했지만 야당이 적극적으로 반대해 무산됐다.

2. 정답 ④
•해설• 기무사령부는 국방부장관 직할대로 정보본부 소속이 아니다.

3. 정답 ①
•해설• 인사청문회 대상자는 국정원장이다.

4. 정답 ④
•해설• 군 형법 중 반란의 죄는 해당되지만 내란의 죄는 포함되지 않는다. 형법 중 내란의 죄, 외환의 죄도 수사할 수 있다.

5. 정답 ③
•해설• 대통령경호지원, 민간인 사찰 등의 업무는 폐지됐다.

6. 정답 ④
•해설• 사이버작전사령부는 정보본부장의 지휘를 받다가 합참의장의 지휘를 받는다. 국직부대는 모두 국방부 소속

이다. 하지만 지휘를 하는 부대가 모든 것을 책임진다.

7. 정답 ②
해설 NSA는 국방부 산하 정보기관이다.

8. 정답 ①
해설 보위사령부는 북한의 군내 방첩활동을 담당하는 정보기관이다.

9. 정답 ②
해설 영국 해외정보부인 SIS는 1921년 공식적으로 설립됐다.

10. 정답 ④
해설 라캄은 핵시설, 군사무기 및 군사장비 등 군사 과학기술 정보를 수집했다.

11. 정답 ③
해설 이스라엘의 비어는 서독을 방문 중 동독을 허가 없이 방문했다는 사실을 독일 연방정보부(BND)가 파악해 이스라엘에 통보했다.

12. 정답 ③
해설 ①미국 OSS는 2차 대전 이전, ②영국의 SIS는 해외정보수집기관이다. ④러시아의 KGB는 통합형 정보기구이다.

13. 정답 ③
해설 DRM은 프랑스의 정보기구이다.

14. 정답 ①
해설 이란의 VEVAK(첩보안보부)는 해외정보수집, 국내방첩활동 등을 같이 담당하는 통합형이다.

15. 정답 ④
•해설• 글로벌 환경이 정치, 군사, 경제 등이 복합적으로 얽혀지면서 각국의 정보협력은 오히려 확대되고 있다.

16. 정답 ①
•해설• 국회는 국정원장 후보자에 대한 청문회를 개최할 수 있지만 임명동의 권한은 없다.

17. 정답 ③
•해설• FAPSI는 러시아의 민간기관인 연방정보통신국이다.

18. 정답 ④
•해설• MSS는 중국 총리직속의 국가정보기관이다.

19. 정답 ②
•해설• 모두 유인정찰기종이고 COSMOS는 소련의 군사정찰위성 시리즈 명칭이다.

20. 정답 ①
•해설• Echelon에는 남아프리카공화국이 포함되지 않는다. 미국, 영국, 캐나다, 호주, 뉴질랜드 등 5개국이다.

21. 정답 ④
•해설• ①항~③항은 모두 미국의 정보실패에 포함되지만, 걸프전(1991년)은 포함되지 않는다. 걸프전은 이라크의 쿠웨이트 침공에 맞서 미국 등 다국적군이 연합하여 이라크를 전격 공격한 전쟁이다.

22. 정답 ①
•해설• 셔먼켄트 학자의 시계열은 정확한 용어로 기본정보-현용정보-판단정보로 구분하고 있다. 미래정보는 판단정보를 다른 측면에서 사용하는 용어이지 셔먼켄트가 주장한 정확한 명칭은 아니다.

23. 정답 ③
해설 로웬탈 학자가 주장한 비밀공작 사다리에서 폭력성이 가장 높은 순서는 준군사공작-전복공작-경제공작-정치공작-선전공작 순이라고 정의하였다. 경제공작이 정치공작보다 폭력성이 높은 이유는 강성노조 폭력적 파업, 공장시설물 및 장비 파괴 등이 포함되어 그 폭력성이 매우 높다고 보았다.

24. 정답 ④
해설 국정원 테러통합센터는 테러와 관련된 정보를 종합하여 대테러센터에 제공하며, 실제 테러경보발령은 대테러센터에서 종합하고 관장, 발령한다.

25. 정답 ②
해설 당 통일전선부는 직접적으로 테러활동을 하지 않으며, 대남공작기구로서 남-북교류와 심리전, 남한내 친북세력 구축 등의 임무를 수행한다.

2019년 기출문제 (7급 전반기) 정답 및 해설

1	④	2	③	3	①	4	④
5	④	6	④	7	②	8	②
9	①	10	②	11	③	12	④
13	①	14	②	15	④	16	④
17	①	18	③	19	④	20	②
21	④	22	①	23	②	24	②
25	③						

1. 정답 ④
•해설• 일본의 조정통제 기관은 내각정보회의이다.

2. 정답 ③
•해설• 미국의 국무부장관이 테러단체 및 테러지원국을 지정하기에 국무부 정보조사국은(INR)은 연관성이 있으며, 마약단속국은 테러와 연관성이 없다.

3. 정답 ①
•해설• 공산당 중앙정치국 예하 중앙정법위원회에서 당·정부의 정보기관 정보업무를 조정·통제하고, 군정법위원회에서 군정보기관의 정보업무를 조정·통제한다.

4. 정답 ④
•해설• ① 하드파워(hard power);군사력, 경제력 따위를 앞세워 상대방의 행동을 바꾸게 하거나, 저지할 수 있는 힘을 의미한다.
② 소프트파워(soft power): 교육·학문·예술·문화처럼 매력적이고 자발적인 힘을 발휘해 원하는 것을 얻는 힘을 의미한다.
④ 국제테러는 비합법적인 힘, 또는 폭력사용에 대한 협박을 행하는 것으로 규정한다.(미 국무부)

5. 정답 ④
해설 Killing the Messnger는 전령죽이기로 정보소비자 설득실패에 따른 외적요인이다.

6. 정답 ④
해설 급박한 정세변화에 따른 정보요구는 기타정보요구(OIR)이다. SRI는 기타정보요구의 지침하에 발생하는 세부적인 첩보수집지시이다.

7. 정답 ②
해설 허위사실인 역정보를 제공하여 상대국 정부가 잘못 판단하도록 하는 것이 기만공작이다.

8. 정답 ②
해설 Star wars는 레이건대통령의 전략방위구상(미래 일어날지도 모르는 소련의 핵공격에 대비하여 제안된 미국의 전략방어체제)으로 이미 실험이 끝난 것으로 과장 발표하여 소련으로 하여금 전략무기 감축협상에 응하도록 하는 결과를 가져왔다.

9. 정답 ①
해설 상대국 정권이 자국에 반대하여 심각한 위협이나 안보에 지장을 초래할시에 전복공작을 시도한다.

10. 정답 ②
해설 국가보안법(1980.12.31.)→국가정보원법(1999.1.1.)→정보통신망법(2001.7.1.)→테러방지법(2016.3.3.)

11. 정답 ③
해설 벤처기업 기술정보진흥원은 산업정보활동과 무관하다.

12. 정답 ④
해설 Silo Effect은 사일로현상으로 정보전달체계 이상을 나타내는 정보배포상의 문제점을 의미한다.

13. 정답 ①
[해설] Steganography은 비밀정보 배포기술의 하나로 여러 매체에 숨겨서 전달하는 방법이다.

14. 정답 ②
[해설] 상황판은 해당비밀등급을 표시하고 가림막을 설치해야 한다. 가림막은 보안 유해여부를 판단하여 해당등급을 표시 할 수 있다.(국방부 보안업무 훈령 24조 7항)

15. 정답 ④
[해설] E-mail은 정보고서의 배포형태가 아니다.

16. 정답 ④
[해설] 브레인스토밍은 질적분석기법이다.

17. 정답 ①
[해설] 정보판단의 결과는 분석관 개인이 아닌 조직의 책임이다.

18. 정답 ③
[해설] 토마스 프레이는 2006년 구글이 최고의 미래학자로 선정한 인물로 현재 미래학을 연구하는 다빈치연구소에서 소장직을 맡고 있다

19. 정답 ④
[해설] ④ 군형법 중 반란에 부화뇌동하거나 단순히 폭동에만 관여한 사람은 7년 이하의 징역이나 금고에 처한다.

20. 정답 ②
[해설] 사일로 현상은 부서이기주의, 조직내 소통부족, 정보전달 체계 이상 등을 의미한다.

21. 정답 ④
해설 MI6는 영국 비밀정보부로 해외정보를 담당한다.

22. 정답 ①
해설 1952년 일본내 좌익세력, 조총련 등의 활동 감시하기 위해 설립되었다.

23. 정답 ②
해설 CIA는 분리형이다. VAVAK는(첩보안보부)는 이란의 통합형 정보기구이다.

24. 정답 ②
해설 CIA의 암살공작은 1975년 38대 제럴드포드 대통령령으로 금지시켰다. 1978년에는 '국가정보 재조직 및 개정법'으로 암살금지 등을 포함하여 법으로 추진했으나 통과되지 않았다.

25. 정답 ③
해설 위협의 대상과 범위가 전통적인 군사적영역외 비군사적 영역으로 점차 확대되고 있다.

2019년 기출문제 (7급 후반기) 정답 및 해설

1	①	2	④	3	③	4	①
5	③	6	①	7	④	8	①
9	②	10	②	11	④	12	④
13	①	14	④	15	②	16	④
17	①	18	①	19	②	20	①
21	③	22	④	23	②	24	④
25	②						

1. 정답 ①
• 해설 • 게임이론은 양적분석의 종류이다.

2. 정답 ④
• 해설 • ④ 사례연구기법은 과거사례들을 참고하여 분석하는 기법으로 군사정보 분석이 적극사용하고 있으며, 정보기관들은 과거사례들을 모두 존안유지하고 있다.

3. 정답 ③
• 해설 • 국가경쟁력의 확보를 위해 정보활동은 더욱 강화되어야 하고 필요하다.(전략무기정보, 산업정보, 사이버정보 등등)

4. 정답 ①
• 해설 • 아베정부는 JCIA를 설치를 위해 계속 추진하고 있으나, 내부 정보기관들의 반발로 설치하지 못하였다.

5. 정답 ③
• 해설 • 북한의 총참모부 지휘자동화국은 전시에만 한국군을 대상으로 사이버공격하는 기구로 평시에는 관련된 프로그램을 연구 개발하고 있다.

6. 정답 ①
•해설• 워싱턴위원회는 해당사항이 아니다.

7. 정답 ④
•해설• 대안분석기법은 자원집약적인 특성이 있어서 분석자원 및 시간을 불필요하게 낭비 할 수 가 있다.

8. 정답 ①
•해설• 정보분석과정 중 분석관은 항상 첩보에 관하여 의심을 갖는 태도를 가지는 것은 적절하지 않다. 수집된 첩보를 평가하는 과정을 거치면 해당첩보의 수준과 출처가 나오므로 항상 의심을 갖는 자세는 불필요하다.

9. 정답 ②
•해설• 정보분석시 3대 요건은 적시성, 정확성, 적합성이다.

10. 정답 ②
•해설• NRO는 국방부 소속이지만 국가급정보기관으로 DIA의 통제도 받지만 DNI의 조정·통제도 받는다.

11. 정답 ④
•해설• 기회분석학파는 정보분석의 중립성은 있을 수 없으며, 정책결정자들과 밀접한 관계를 유지하며 협조를 강조한다.

12. 정답 ④
•해설• 혼합형시 TF팀을 운용할 경우 각 정보기관은 미선호하여 우수한 분석자원을 파견하는 경우가 드물어서 양질의 분석결과를 도출하는데 제한된다.

13. 정답 ①
•해설• 오늘날 정보요원 중에 흑색요원(비공직가장)들이 생간에 해당한다. 공직가장은 생간에 해당하지 않는다.

14. 정답 ④
• 해설 • 정보배포 원칙은 적시성, 적합성, 비밀성, 계속성이다.

15. 정답 ②
• 해설 • 정보기구의 통제는 입법부, 행정부, 언론의 통제가 있다.

16. 정답 ④
• 해설 • 정보기구는 정보환경의 변화에 능동적으로 대응하기 위해 정보활동을 전방위적으로 강화하고 이를 위해 정보조직을 적시에 개편하여 운용해야 한다.

17. 정답 ①
• 해설 • 정보감독법은 1980년 제정되었다.

18. 정답 ①
• 해설 • 청와대 기습(정찰국, 1968년)-영화배우 최은희·신상옥납치(35호실, 1978년)-버마 아웅산폭파(정찰국, 1983년)-대한항공 폭파(35호실, 1987년)

19. 정답 ②
• 해설 • 스머핑에 대한 설명이다.

20. 정답 ①
• 해설 • 태국의 치앙마이는 1996년 이전까지 쿤사조직의 주요 재배지역이었으나 태국정부가 1996년 토벌한 이후 폐쇄되었다.

21. 정답 ③
• 해설 • 무장혁명군(FARC)은 남미 콜롬비아의 테러단체이다.

22. 정답 ④
해설 테러지원국은 미국이 유일하게 지정한다.

23. 정답 ②
해설 미국 애설론에 영국이 최초로 가입 후 2차 가입국가는 영연방국가로 호주, 캐나다, 뉴질랜드 등 3개국이다. '5Eyes' 국가들이다.

24. 정답 ④
해설 민주화로 국민의식이 고양되고 있으며, 정보기관에 대한 각종 통제시스템이 더욱 강화 및 구축되고 있다.

25. 정답 ②
해설 정보기관을 혁신함에 있어서 전통적인 방식의 고수, 유지는 모순성이 있다.

2019년 기출문제 (9급 전반기) 정답 및 해설

1	②	2	②	3	③	4	③
5	①	6	③	7	①	8	②
9	④	10	①	11	④	12	③
13	④	14	③	15	②	16	①
17	①	18	②	19	②	20	①
21	②	22	①	23	④	24	④
25	①						

1. 정답 ②
•해설• 목적성을 갖고 의도적으로 수집된 사실은 첩보이다.

2. 정답 ②
•해설• 국가테러대책위원장은 국무총리이다.

3. 정답 ③
•해설• 첩보원은 특정임무를 수행하기 위해 임시로 고용하는 인원이다.

4. 정답 ③
•해설• 핵정보는 징후계측정보에 해당한다.

5. 정답 ①
•해설• 공개정보 출처의 가치가 모두 낮은 것 만은 아니다. 경우에 따라서 높은 가치도 있다.

6. 정답 ③
•해설• 슐스키는 "정보는 잠재적위협으로부터 국가안보이익에 대한 위협에 대처하는 정부정책과 관련된 지식이다."

* 마이클허만: 정보는 추론적이며 평가적인 지식이다.

7. 정답 ①
•해설• 집단사고의 폐해를 방지하기 위해 가능한 문제점을 찾는데 효과적이다.

8. 정답 ②
•해설• 의사나무결정기법은 양적분석이다.

9. 정답 ④
•해설• 정보판단의 결과는 집단적(기관)으로 책임진다.

10. 정답 ①
•해설• 집단사고는 정보조직내 집단사고에 의한 정보조직의 오류이다.
* swam ball은 정보분석관들이 정보소비자가 원하는 정보 이슈에 매달리는 현상으로 정보분석관의 오류에 해당한다.

11. 정답 ④
•해설• 정보기관은 성공이후의 정책은 고민하지 않는다. 국가의 정책은 정부부서(정책부서)가 담당한다

12. 정답 ③
•해설• 암살공작, 납치공작, 파괴공작은 준군사공작의 범위에 속한다. 전복공작은 정권을 교체하려는 공작으로 준군사공작과 성격이 다르다.

13. 정답 ④
•해설• 이란 팔레비왕조는 1979년 회교혁명(호메이니)에 의해 붕괴되었다.

14. 정답 ③
•해설• 이란 팔레비왕조는 영국의 지원하에 세워졌으며, 라빈총리는 국내 극우단체 청년에 의해 암살되었다.

15. 정답 ②

해설 미국의 NGA는 1996년 설립된 국방부산하의 NIMA(국가영상지도국)이 모태이다. NIMA는 NPIC(CIA 국가사진판독본부), 국방부예하의 국방지도국(DMA), 중앙영상실(CIO), 국방보급계획국(DDPO)의 기능을 흡수하여 통합했다. 그이후 2003년에 지형정보까지 통합하는 국가지형정보국(NGA)로 확대 개편되었다.

16. 정답 ①

해설 인터넷기술의 발달은 점점 사이버기술의 발달로 연결되어 사이버보안의 한계가 있으며 점점 피해가 늘고 있다.

17. 정답 ①

해설 요인암살, 정치사찰, 치안유지와는 거리가 멀다.

18. 정답 ②

해설 NIC(국가정보위원회)는 DNI예하 부서로서 DNI를 보좌하며 정보와 정책의 교량역할과 정보공체의 협업을 촉진한다.

19. 정답 ②

해설 정보원감시, 역용공작, 기만공작은 적극적 방첩활동이다.

20. 정답 ①

해설 공공안전부는 대테러, 방첩, 기타 모든 범죄행위를 차단, 수사한다.

21. 정답 ②

해설 조르게는 소련의 GRU, 쿼터기욤은 동곡의 HAV(해외정보기구)의 정식요원이다.

22. 정답 ①

해설 적국으로부터의 침입을 예방하기 위해 첩보를 수집하는 것은 방첩활동의 일환이나, 국가정보기관(방첩)이 이부분만을 중점적으로 수집하지는 않는다. 오히려 방첩 수사를 중점적으로 수행한다.

23. 정답 ④
해설 테러리스트들의 국제화, 사이버연락수단 활용, 보안메신저 활용으로 적발이 점점 어려워 지고 있다.

24. 정답 ④
해설 일본의 국가안전보장회의는 국방에 관한 중대한 긴급사태에 대처하는 국가 회의체기구로서 총리가 주관한다.(2013년 국가안전보장회의 관한 법률 제정)
 * 일본은 내각정보회의에서 형식적이지만 그 기능을 담당한다

25. 정답 ①
해설 통일전선부는 대남공작도 실시하며 동시에 남-북교류업무를 담당한다.

2019년 기출문제 (9급 후반기) 정답 및 해설

1	①	2	③	3	④	4	①
5	①	6	④	7	④	8	①
9	①	10	①	11	①	12	④
13	③	14	②	15	④	16	④
17	③	18	④	19	①	20	④
21	④	22	④	23	③	24	③
25	②						

1. 정답 ①
•해설• KGB는 과거 소련의 정보기관이다.

2. 정답 ③
•해설• 아웅산묘소 테러는 정찰국의 소행이다.
※ 무하마드 깐수사건: 1996년 무하마드 깐수(한국명 정수일) 간첩사건, 중국 옌볜(延邊)출신인 깐수는 북한 노동당 대외정보조사부에 포섭된 이후 아랍간첩교육 받고 한국남파, 단국대 사학과교수 생활을 하면서 신상옥·최은희씨 관련 정보 등을 북한에 넘겨줘 납치가 가능토록 주선, 체포 후 12년 복역함.

3. 정답 ④
•해설• 모든 정보는 공개함을 원칙으로 하고 있다.

4. 정답 ①
•해설• 1337번은 안보지원사령부의 군내 부패 및 공익신고번호이다.

5. 정답 ①
•해설• FSB는 러시아의 연방보안부로 국내방첩기구이다.

6. 정답 ④
해설 MPS는 중국의 공공안전부이다.

7. 정답 ④
해설 ① Hexagon: 냉전시대 운용한 미국 광학정찰위성
② U-2 : 미국 고고도 정찰기
③ SR-71:미국 고고도 정찰기(1990년 퇴역)
④ Zenit: 소련 우주발사체, 우크라이나에서 발사, 이탈리아어로 '천정'의미한다.

8. 정답 ①
해설 대안분석기법중의 하나인 악마의 대변인이다.

9. 정답 ①
해설 문제제기-가설설정-첩보수집-가설평가-가설선택-모니터링 순이다.

10. 정답 ①
해설 용간편에서 활용성을 가장 강조한 대상은 반간(2중 간첩, 역이용)이다.
오간구기는 5가지 간첩을 사용하는 것을 의미한다.

11. 정답 ①
해설 1급비밀인가권가는 대부분 장관급이다. 병무청장은 국방부 외청이나 차관급으로 해당하지 않는다.

12. 정답 ④
해설 Layering은 불확실한 기준과 첩보근거로 계속 분석해가는 오류이다.

13. 정답 ③
해설 외교문제의 발생소지가 있기 때문에 활용하는 것은 흑색선전이다.

14. 정답 ②

해설・ 인간정보는 타 수집수단에 비하여 비용이 다소 절감되기는 하지만 신뢰도가 가장 낮은 것은 아니다. 모든 수집수단은 각가의 특징과 중요성이 있어서 전 출처의 융합시에 주요가치가 발생하기에 가치면에서 동일하게 평가한다.

15. 정답 ④

해설・ 3급은 누설시 국가안전보장에 손해를 끼치는 우려가 있는 비밀이다.

※ 참고사항

보안업무규정 제4조에는 비밀의 구분을 1급,2급,3급으로만 분류하고 있지만, 보안업무규정 세부시행규칙 7조에 대외비를 규정하고 있으며, 국방부보안업무 훈령(2018.2.5.) 제61조에도 군사대외비를 별도로 분류하고 관리하도록 규정하고 있다. 또한 실제로 군내부에서 대외를 생산하고 관리하고 있다.

16. 정답 ④

해설・ 조직보안은 해당되지 않는다.

17. 정답 ③

해설・ 레바논의 테러단체는 헤즈볼라이다. 하마스는 팔레스타인, 무자헤딘은 아프가니스탄 테러단체이다.

18. 정답 ④

해설・ 파밍은 형성된 신뢰관계를 이용하여 개인정보를 훔치는 수법이다.

19. 정답 ①

해설・ 공작원은 실제 사용된 경비 외에 필요한 위험수당, 기타 활동비를 모두 받는다.

20. 정답 ④

해설・ 미국 CIA가 이라크국가회의(INC)의 정보를 의심없이 받아들여 정보를 과신한 상태에서 분석한 내용을 부시 대통령에게 보고, 이라크공격의 단초를 제공하였다. 당시 이라크국가회의는 후세인정권 축출을 위해서 CIA에 허위정보를 제공하여 미국의 군사개입을 유도하였다.

21. 정답 ④
해설 정보분석과정 고려 사항(9가지 요건): 적시성, 적합성, 간결성, 명확성, 객관성, 현실성, 신뢰성, 정확성, 완전성

22. 정답 ④
해설 완벽한 첩보를 수집하기란 쉽지 않기에 정보분석에 완전성은 없다. 객관성을 가지는 것이 매우 중요하다.

23. 정답 ③
해설 NRO는 미국 국가정찰국이다.

24. 정답 ③
해설 테러리스트나 테러단체는 국가가 사용하는 대형 통신망이나 통신체계를 구축한 것이 아니라 대부분 단파 무전기나 휴대폰, 기타 SNS 등을 이용하기에 추적 및 감시하는데 오히려 많은 제한이 되고 있다.

25. 정답 ②
해설 작전정보는 국방정보의 하위개념으로 군사작전시 필요한 정보라고 정의할 수 있으나, 현재 작전정보용어는 사용하지 않는다.

2020년도 7급 기출문제 정답 및 해설

1	③	2	④	3	①	4	④
5	③	6	①	7	②	8	②
9	③	10	②	11	④	12	④
13	②	14	③	15	③	16	③
17	③	18	④	19	④	20	③
21	②	22	④	23	①	24	④
25	①						

1. 정답 ③
•해설• 첩보는 목적성을 가지고 수집한 자료이며, 정보는 이런 첩보를 분석 및 평가과정을 통해서 검증한 자료이다. 국가정보에서는 정보를 우선시한다.

2. 정답 ④
•해설• 적합성은 정책결정에 관련여부 및 기여할 수 있는 것, 적시성은 정보의 적시적인 지원시기, 정확성은 사실과 부합하여 정확성이 높을수록 정책반영도가 높다.

3. 정답 ①
•해설• ② 역할연기기법은 분석과제를 놓고 다수 전문가에게 각각의 협상주체 역할을 담당하여 연기를 진행하면서 결과를 근거로 분석하는 기법이다.
③ 정세전망기법 국가가 선택할 정책방향을 예측하고 향후 전개방향을 전망하는 데 사용한다.
④ 시뮬레이션은 실제모형과 대안을 만들어서 반복 작동시킴으로서 문제점과 해결책을 찾아내는 방법이다.

4. 정답 ④
•해설• 모든 비밀을 모두 공개하지는 않는다. 비밀은 공개절차에 의해서만 공개가 가능하다.

5. 정답 ③

•해설• 적외선정보(IRINT)는 징후계측정보(MASINT)의 한 요소이다.

6. 정답 ①
•해설• 첩보처리단계(처리 및 탐색단계)는 수집된 첩보의 출처나 적합성 등을 1차로 평가하여 분석할 수 있도록 정리하는 단계이며, 이는 수집지시부서나 평가부서가 담당한다.

7. 정답 ②
•해설• 이라크전쟁(2003년)은 이라크 의회가 CIA에 잘못된 정보를 제공하였으며, 미국은 이를 의심하지 않고 사실 규명을 위한 노력을 게을리 하였음. 또한 이라크가 대량살상무기를 개발했을 것이라는 믿음으로 정보를 왜곡, 부시행정부가 공격하는데 일조하였음. 정보왜곡 및 정보정치화의 오류이다.

8. 정답 ②
•해설• ㉠ 1.21사태: 1968년
㉡ 아웅산묘소 폭파사건: 1983년
㉢ KAL기 납북사건: 1969년
㉣ 육영수여사 저격사건: 1974년
※ 'KAL기 납북 사건'은 1969년 12월 11일 강원도 강릉에서 출발해 서울로 가던 대한항공 여객기가 승객으로 가장한 북한 고정간첩 조창희에 의해 납북된 사건이다. 북한은 이듬해 국제사회의 비난을 의식해 승객과 승무원 50명 가운데 39명을 송환했지만, 황모씨 등 11명은 "돌아가지 않으려 한다"며 보내지 않았으며, 현재까지 귀환하지 못하고 있다.

9. 정답 ③
•해설• 3급비밀은 누설시에 국가안전보장에 손해를 끼칠 우려가 있는 비밀이다.

10. 정답 ②
•해설• 심리검사는 인원보안에 포함되지 않는다.

11. 정답 ④
•해설• 마크로웬탈의 정보순환 6단계
정보요구-정보수집-처리 및 탐색-분석 및 생산-배포 및 소비- 환류

12. 정답 ④
해설 냉전시기의 정보기관들은 산업정보활동은 군사정보나 정치적인 정보수집에 주안을 두었으므로 부수적인 업무로 다루어졌다.

13. 정답 ②
해설 사이버전은 군사활동의 영역에서의 정보전이고, 네트전(Net War)은 민간차원에서 발생하는 정보전이다. 이 두가지 모두 국가차원에서 대응한다(군 및 국가정보기관)

14. 정답 ③
해설 EEI는 OIR을 근거하여 작성 할 수 없으며, PNIO에 근거하여 작성한다. SRI가 OIR에 근거하여 작성한다.

15. 정답 ③
해설 셔먼켄트의 시계열(혹은 분석형태)에 의한 분류는 기본-현용-판단정보이다.

16. 정답 ③
해설 1980년 12월 31일 반공법의 주요내용이 국가보안법에 통합되어 반공법이 폐지되었다.

17. 정답 ③
해설 국회법 제54에 의거하여 모든 정보위원회 회의는 비공개로 하고, 의원은 직무상 알게 된 국가기밀에 대하여 일체 공개하거나 누설할 수 없다.

18. 정답 ④
해설 정보기관주도하에 대상국의 군사력을 동원하여 직접적인 군사공격을 하는 행위는 준군사공작과 전복공작이 해당된다. 그러나 전복공작도 대상국의 군사력을 동원하는 경우도 있지만, 비폭력으로 전복하는 경우도 있다. 하지만 준군사공작은 대부분 군사력을 동원하여 공격하는 가장 폭력적인 행위이다.

19. 정답 ④
해설 ① Corona호: 미국 최초의 광학용 군사정찰위성(1959년)

② Zenit호: 소련 최초의 광학용 군사정찰위성(1962년)
③ SAR: 합성개구레이다, 광학용 레이다, 전천후 카메라
④ Falcon 2000: 한국이 보유한 신호정보용 정보수집 정찰기

20. 정답 ③
•해설• 일반수사는 명백한 증거의 확보만을 위해서 중점을 두지만, 방첩수사는 명백한 증거뿐만 아니라, 주변정황 등 다양한 첩보를 축적하여 관련자들을 최대한 타진하는데 중점을 둔다.

21. 정답 ②
•해설• 유무선 장비를 이용하여 개인 전화 통화내용을 감청하는 것은 신호정보의 수집방법이다.

22. 정답 ④
•해설• 자료형 분석방법은 주로 기술정보에 의존하며, 기술정보 옹호론자가 주로 선호한다.

23. 정답 ①
•해설• 뉴테러리즘은 1인자를 제거하면 테러 조직이 바로 와해되지 않는다. 자생력이 강하고, 1인자가 제거 되어도 꾸준히 생존력을 키우면서 테러활동을 지속한다.

24. 정답 ④
•해설• 문제는 흑색정보관의 수집수단에 대한 내용으로 백색정보관은 해당되지 않는다.

25. 정답 ①
•해설• 보위사령부는 최고사령관 직속의 방첩사찰기구로 북한군내 방첩 및 범죄활동, 반체제 활동자 색출, 인민군의 사찰, 군내 주민등록 사업 등을 담당한다.

2020년도 9급 기출문제 정답 및 해설

1	①	2	②	3	①	4	①
5	③	6	③	7	③	8	①
9	①	10	④	11	①	12	①
13	③	14	③	15	①	16	④
17	④	18	④	19	③	20	④
21	③	22	①	23	④	24	①
25	④						

1. 정답 ①
•해설• 1번째, 공격적으로 행동하라

2. 정답 ②
•해설• 대상지역에 따라 국내정보와 해외정보로 구분하며 기준은 발생지역(해외 및 국내)을 기준으로 분류한다.

3. 정답 ①
•해설• 해외안보총국(DGSE)는 프랑스의 해외정보기구이지만, 국방부 소속이다.

4. 정답 ①
•해설• 정보는 지식이며 조직이고 활동이다.(셔먼켄트 교수)

5. 정답 ③
•해설• 사법부는 정보기구를 통제하지 않는다.
　　　　정보기구 통제: 입법부, 행정부, 언론기관

6. 정답 ③

해설 ㈎ 방위성 정보본부는 국방부 직속의 군정보기관이며, 장관의 통제를 받는다.
㈐ FSB는 소련 KGB에서 분리되어 국내정보 부문을 담당하고 있다.

7. 정답 ③
해설 ③ 제1차 세계대전 때에도 무선감청 및 암호해독 임무는 수행하였다.

8. 정답 ①
해설 ① DIH 일본 방위성 정보분부
② DI 영국 국방정보부
③ DRM 프랑스 군사정보부
④ Aman 이스라엘 군사정보부

9. 정답 ①
해설 9.11테러조사위원회의 권고로 정보개혁 및 테러방지법이 제정되었고, 국토안보부의 창설, 국가정보장실 창설 등이 이루어졌다.

10. 정답 ④
해설 ④ 조직 내부의 독립적인 A팀(레드팀, 전문가나 분석관)과 외부전문가의 B팀으로 구분하여 시뮬레이션을 통해서 기존에 세워진 가설을 토론을 통해서 검증, 취약점 확인, 대비책, 발생 가능성이 있는 문제점을 도출하고 해결책을 제시하여 최고의 결론을 도출. 고위험 저확률을 예측하지 못한 사건에 대해 해결책 제시가 가능함.

11. 정답 ①
해설 미국 고위관료들이 대부분 CIA의 자료를 신뢰하지 않는다는 것은 부적절한 내용이다. 정보가 없으면 정책수립이 불가능 하기 때문이다.

12. 정답 ①
해설 ① 집단사고(Group think)는 정보조직의 오류이다.
집단사고는 개인의 독립적인 사고가 아니라 해당조직의 신념, 가치에 따라서 개인의 의견이 무시되고 전체화되는 현상이다. 이런 현상은 조직에서만 나타난다.
④ 인지부조화(cognitive dissonance)는 자신의 태도와 행동이 일관되지 않고 모순되어 양립할 수 없는 상태이다.

13. 정답 ③
해설 GCHQ: 영국 외무부소속 기술정보수집기관 이다.
DGSI: 프랑스의 국내안보총국(국내 및 방첩기관)이다.

14. 정답 ③
해설 한국이 도입한 글로벌 호크는 정찰용 무인기로 광학장비만 탑재한다. 미사일 탑재는 프레데터 무인기에만 장착이 가능하다.

15. 정답 ①
해설 LAKAM은 국방부소속으로 군사무기 및 과학기술정보를 수집하는 정보기관이었으나, 1986년 조너단폴라드 간첩사건으로 해체되어 국방부와 과학기술부로 기능이 이관되었다.

16. 정답 ④
해설 정보실패는 분석관이 아닌 조직에서 책임진다. 모든 보고서는 분석관이 작성하지만 여러 결재과정을 거쳐서 최종결재는 책임자가 결재한다.

17. 정답 ④
해설 흑색정보관(비공작 가장)은 면책 특권이 없다. 공직가장이 외교적 면책특권이 있다.

18. 정답 ④
해설 산업정보관련 탈냉전이후 산업 보안의 중요성이 점차 증대하고 있다.

19. 정답 ③
해설 욤키푸르전쟁은 제4차 중동전쟁(1973년)이라고도 한다. 모사드와 아만간 경쟁 및 부처이기주의로 정보실패의 주요 사례이다.

20. 정답 ④
•해설• 우리나라 정보기관의 현대화는 미국으로부터 도움을 받았다.(CIA, DIA 등)

21. 정답 ③
•해설• 비밀의 보호기간은 생산부서외에 지정할 수 없다.

22. 정답 ①
•해설• 일반 행정부처에서 보안정보를 수집하지 않으며, 보안관련 정보기관의 주요업무는 보안업무이다.

23. 정답 ④
•해설• 민주화 발전으로 국가정보의 적절한 공개가 이루어지고 있으며, 또한 보안업무 규정에 의거 비밀성을 적절하게 유지하고 있다.

24. 정답 ①
•해설• ㉠ 독립성설: 전통주의와 유사하다. 정보와 정책은 반드시 거리를 두어야 한다는 이론(셔먼켄트)
㉡ 공생관계설 : 행동주의와 유사하다. 정보와 정책은 밀접한 관계를 유지하여 정책결정에 도움이 되어야 한다는 이론(로저 힐스만)
㉢ 유기적조화설: 정보와 정책이 공생관계는 아니지만 상호 완전히 절연된 독립적인 관계관계보다는 적절한 조화의 관계를 유지해야 한다는 이론

25. 정답 ④
•해설• 이스라엘 정보기관중 Shabak(신베트)은 국내정보수집 및 방첩기구이다.

2021년도 7급 기출문제 정답 및 해설

1	③	2	③	3	②	4	②
5	③	6	①	7	②	8	③
9	②	10	③	11	④	12	③
13	③	14	②	15	①	16	②
17	①	18	②	19	①	20	①
21	④	22	②	23	②	24	①
25	④						

1. 정답 ③
• 해설 • PNIO는 국가정보원장이 선정한다.

2. 정답 ③
• 해설 • 영상정보 관련 사진판독은 전문가에 의해서만 가능하다. 단순한 내용이 아니라 정밀한 변화, 차이 등을 판독하여 분석관에게 제공한다.

3. 정답 ②
• 해설 • 전자폭탄(EMP)은 하드웨어 공격수단이다.

4. 정답 ②
• 해설 • 러시아는 중앙집중형 정보기구가 없고 분리형이다. 미국은 ODNI가 중앙집중형 역할을 수행한다. 중국의 MSS, 일본의 CIRO는 한국 국정원처럼 중앙집중형(통합형) 정보기관이다.

5. 정답 ③
• 해설 • 미국의 경우 정보수권법(1991년)에 의거 비밀공작을 대통령의 승인을 받았어도 의회에 사전 서면으로 보고해야 한다.

6. 정답 ①
해설 방첩수사는 범죄요건이 구성되지 않은 상황에서도 의심가는 사항에 대하여 첩보를 수집하고 수사를 착수할 수 있다.

7. 정답 ②
해설 군사안보지원사령부는 방위산업분야만 관리하고 나머지는 국정원에서 관리한다.

8. 정답 ③
해설 국방정보평가(DIA)는 판단정보보고서이고, 나머지는 현행정보보고서이다.

9. 정답 ②
해설 국가정보보안기본지침은 수동적 방첩과 관련된 법률이다.
 * 국가정보보안기본지침은 국정원이 국정원법에 근거하여 작성하여 정부부처에 하달한다.

10. 정답 ③
해설 정보기관으로서 남한과 교류업무를 수행하지 않는다.

11. 정답 ④
해설 비밀정보 외에 공개정보로도 수집된다.

12. 정답 ③
해설 국가안보를 위협하는 음모행위, 심각한 위험을 야기할 수 있는 중대한 범죄행위 계획이나 실행 등 긴박한 상황이 있고 <u>통신제한조치 허가요건을 구비하였으나</u>, 허가절차를 거칠 수 없을 만큼 긴급한 사유가 있는 때에는 법원의 허가 없이 통신제한조치를 할 수 있다.

13. 정답 ③
해설 악마의 대변인이다.

14. 정답 ②

해설: 군 정보통신분야 보안은 안보지원사령부가 담당하며, 사이버작전사령부는 적의 사이버공격을 예방하고 차단하며 공격 시 대응하는 작전부대이다.

15. 정답 ①

해설: 울트라작전은 영국이 독일군의 암호(애니그마)를 해독한 작전이다.
* '닭모이' 는 이중간첩이 상대편의 신뢰를 얻기 위해 조금씩 정보를 제공하는 것을 말한다.

16. 정답 ②

해설: 국가정보목표우선순위를 재조정은 정보기구의 효율성 및 통제성에 전혀 해당되지 않는다.

17. 정답 ①

해설: 사실에 근거하기 보다는 선전 선동이 목적이어서 사실이 아닌 내용도 많다.
* 프로파간다(propaganda): propaganda는 '선전'이다. 원래는 로마 가톨릭에서 포교를 전담하는 추기경들의 위원회(1622년 구성)를 가리킨 말로, 영어에선 1790년대부터 '선전'의 의미로 쓰였다. 처음에는 중립적인 의미로 쓰였으나, 20세기에 두 차례 세계대전을 겪으면서 거짓과 선동이라는 부정적 의미를 갖게 되었다. 또한 소련이 공산주의를 위한 선전선동으로 많이 활용하였다.
* Blow back현상은 '역풍현상'을 의미한다.

18. 정답 ②

해설: 영국은 1909년(20세기)년에 비밀정보국(SSB)을 창설, 방첩과 해외정보를 담당하였다.

19. 정답 ①

해설: 비밀공작 종류로 선전, 정치, 경제, 전복, 준군사공작이 있으며, 나머지는 모두 해당하지 않는다.

20. 정답 ①

해설: 정보는 정책을 지원하는 것이 원칙이다.

21. 정답 ④

해설 정보소비자가 선호하는 양적분석 정보를 적극적으로 요구하지 않는다. 대체적으로 정보기관을 불신하고 보고서도 신뢰하지 않아서 무시하는 경우이다.

22. 정답 ②
해설 국제테러수사를 위해 각국가간 공조체제를 유지하며 각국마다 방첩 및 대테러수사기능을 강화하여 적극적으로 대응하고 있다.

23. 정답 ②
해설 위장부인은 비밀공작과정이나 결과 후 비밀공작내용이 노출 시에 필수적인 사항이다. 그러나 '위장부인' 내용을 비밀공작계획서 작성 시 미리 포함시키지 않는다.

24. 정답 ①
해설 외국어 능력을 보유하면 자기계발에 도움이 되나 정보분석에 직접적으로 필요한 소양은 아니다.

25. 정답 ④
해설 정보분석관의 인지상의 실패, 능력상의 실패, 객관성의 결여 등은 정보분석과정에서 일어나는 현상들이다.

2021년도 9급 기출문제 정답 및 해설

1	①	2	②	3	④	4	③
5	③	6	①	7	④	8	③
9	②	10	③	11	①	12	②
13	③	14	④	15	④	16	③
17	③	18	②	19	①	20	③
21	②	22	④	23	①	24	②
25	④						

1. 정답 ①
• 해설 • 쿼드에 참여하는 국가는 미국, 호주, 일본, 인도이다. 한국은 쿼드에 참여하지 않고 있다.

2. 정답 ②
• 해설 • Intelligence에는 뉴스, 기사 등 공개정보 Source도 포함되지 않으며 Information에 해당된다.
 * 부분집합이란? 집합 A의 원소가 집합 B에 속할 때, 집합 A를 집합 B의 부분집합이라 한다. 즉, Intelligence는 Information의 부분집합에 포함된다.

3. 정답 ④
• 해설 • 요소에 따라 정치, 경제, 사회, 군사정보 등으로 분류한다.

4. 정답 ③
• 해설 • 군사안보지원사령부는 군방첩과 보안을 담당하는 기관이다. 민간인에 대한 수사는 원칙적으로 실시하지 않는다. 하지만 군간첩 관련하여 연계된 민간인의 경우는 수사할수 있다.

5. 정답 ③
• 해설 • 빈라덴이 지도자였던 '알카에다'이다
 * 이슬람 국제자유여단(IFB, Enternasyonalist Özgürlük Taburu, Tabûra Azadî ya Înternasyonal, تاب

(ور الحرية العالمي): 시리아 내전에서 인민수호부대와 함께 싸우는 좌익 시리아 반군으로 구성, 국제자유여단은 2015년 6월 10일 공식적으로 창설을 선언했다.

6. 정답 ①
- **해설**: 인간정보는 물론이고 모든 출처의 정보에 대한 신뢰여부를 파악하기란 쉽지 않다. 따라서 다양하게 출처를 추적하고 검증한다.

7. 정답 ④
- **해설**: 국회의장, 대법원장은 1급비밀취급 인가권자가 아니다.

8. 정답 ③
- **해설**: 민주주의는 권력의 분산을 지향하지만, 국가정보가 반드시 중앙집권형 형태와 활동을 지향하는 것은 아니다. 각국은 상황에 맞게 통합형과 분리형, 혹은 중앙집중형 및 분산형 등 다양하게 정보기관을 운용하고 있다.

9. 정답 ②
- **해설**: 백도어이다.

10. 정답 ③
- **해설**: 사진 등 매체에 메시지를 숨겨서 전달하는 것은 스테가노그라피(Steganography)이다.

11. 정답 ①
- **해설**: 대안분석 중 악마의 대변인은 반대의견을 가진 사람을 선정하여 집단사고를 깨기 위한 기법이다.

12. 정답 ②
- **해설**: 국가정보는 정책결정자의 정치적 목적을 위해 사용해서는 안 된다.

13. 정답 ③
- **해설**: 정보보고서 작성은 정보생산자의 능력이므로 경험과 지식을 토대로 작성하되, 반드시 객관적으로 작성해야 한다.

14. 정답 ④
- **해설** 게임이론은 양적분석기법이다.

15. 정답 ④
- **해설** NSC는 헌법 제91조의 근거하여 국가안전보장회의법률(법률 제12224호 일부개정 2014. 01. 10)이 제정되어 법률적 근거에 의해 집행된다.
  * '대한민국헌법' 제91조: 국가안전보장회의의 구성과 직무 범위, 그 밖에 필요한 사항을 규정함을 목적으로 한다.

16. 정답 ③
- **해설** 국가정보기관이 기업활동의 이익을 위해 존재 및 활동하지는 않는다.

17. 정답 ③
- **해설** 정보실패는 정보기관의 문제도 있지만, 사용하는 정책부서에도 책임이 있다. 정보요구단계부터 소통을 통해서 긴요한 정보가 생산되도록 상호 협조해야 한다.

18. 정답 ②
- **해설** 산업스파이 교육은 국정원의 산업보안활동이 아니다.

19. 정답 ①
- **해설** 냉전이후 공개정보의 비중과 중요성이 점점 증가하고 있으며, 각국은 공개정보를 수집을 점점 강화하고 있다.

20. 정답 ③ ⓒ ⓔ
- **해설** ㉠ APEC(아시아태평양 경제협력체):아시아-태평양지역국가들의 경제협력을 증대시키기 위한 협의 기구(1989.11월 설립, 21개국, 중국가입)
  ㉡ ASEAN(동남아시아국가연합): 1967년에 창설된 동남아시아국가들의 정치·경제·문화공동체로 10개국 가입(중국 미가입)
  ㉢ TPP(환태평양 경제통반자협정): 중국에 대응하기 위한 미국주도의 환태평양 국가 12개국의 경제협정
  ㉣ RCEP(아시아-태평양지역 경제통합을 목표로 합의한 다자간 자유무역협정): 중국주도하에 동남아시아국가연합(ASEAN) 10개국과 한국, 중국, 일본, 호주, 뉴질랜드 등 5개국 등 총15개국 참여

21. 정답 ②, ㉠ ㉡ ㉢ 이다.
해설 * 문화교류국의 상급부서가 통일전선부(당의 정책부서)로서 정보기관으로 보았는데, 이 부분은 논란이 있다. (통일전선부는 당의 정책부서로 한국의 통일부와 유사한 임무를 수행한다) 그럼에도 불구하고 해외연락부는 존재하지 않는다.

22. 정답 ④
해설 정보생산자가 정보사용자를 선정해 정책을 주도적으로 이끌어 갈 수가 없다. 정보는 정책을 지원하는 역할에 충실해야 한다.

23. 정답 ①
해설 탈북자들을 중국공안과 협조하여 체포하고 재입북시키는 기관은 국가안전보위성이다. 그리고 현재도 국내에 정착한 탈북민들의 주소지를 수집하여 유인하거나 협박(가족 살해 등)등으로 재입북시키는 공작을 계속 시행하고 있다.

24. 정답 ②
해설 정보는 공개된 장소에서 생산할 수 없으며, 반드시 보안으로 통제된 구역에서만 비밀생산이 가능하다.

25. 정답 ④
해설 노동당 총비서 직속으로 당 문화교류국과 당 통일전선부 등이 있다.

2022년도 7급 기출문제 정답 및 해설

1	④	2	②	3	③	4	②
5	④	6	②	7	③	8	①
9	④	10	④	11	③	12	②
13	②	14	③	15	①	16	④
17	④	18	②	19	②	20	②
21	①	22	①	23	②	24	④
25	①						

1. 정답 ④

•해설• 국가정보학의 속성상 비밀이 많아 비공개가 많았고, 이에 따라 자료접근이 제한되었으며, 따라서 연구자료의 절대부족으로 정상적인 연구가 어려웠다

※ 권위주의 국가나 정부일지라도 자료의 비공개 및 자료접근을 통제할 수 있다. 그러나 국가정보학의 연구 자체를 통제하거나 혹은 못하게 제한하는 경우는 드물다.

2. 정답 ②, 초베츠(Chobetsu)이다.

•해설• 초베츠(Chobetsu)는 DIH 예하부대로 신호정보를 수집하는 군 정보수집부대이다.

3. 정답 ③

•해설• 사이버전은 국가나 특정집단이 상대국가에 대하여 사이버공격수단을 통하여 국가시설 및 시스템을 교란, 거부, 통제, 파괴 및 무력화시키는 것을 말한다.

4. 정답 ②, (ㄹ)-(ㄷ)-(ㄴ)-(ㄱ) 순서이다.

•해설• ※ (ㄱ)아웅산 테러사건(1983년)
(ㄴ)판문점 도끼만행사건(1976년)
(ㄷ)육영수영부인 저격사건(1974년)
(ㄹ)청와대 습격시도사건(1968년)

5. 정답 ④

해설 2009년 당 정보기구와 군 정찰국을 통합시켜 최고사령관 직속의 정찰총국으로 격상시켰으며, 2010년 천안함 폭침사건을 주도하였다.

6. 정답 ②

해설 ㈀안보지원사-㈁국가정보원 산업기밀보호센터이다.

7. 정답 ③

해설 군내 법을 집행하는 기관은 아니다.
※ 8341부대의 정식명칭은 '중앙경위단(중앙경호국)'으로 과거 1940년대부터 1970년대까지 모택동(1976년 사망)을 경호하는 경호 전담부대였다. 북경에 본부를 두고 활동하였으며, 현재의 존재여부는 확인되지 않고 있다.
※ 금번 7급문제의 가장 돌출적인 문제이다.
정보기관도 아니고 존재여부도 확인되지 않는 과거의 경호부대를 시험에 출제한다는 것은 비정상적이다.

8. 정답 ①

해설 팔레스타인 하마스이다.
하마스는 레바논 국경의 가자지역내에서 활동하며, 지역내에서 이스라엘을 몰아내고 완전한 이슬람국가 건설을 목표로 하는 무장단체이다. 팔레스타인내에서 가장 강경한 테러단체이다.

9. 정답 ④

해설 정보위원회는 원내교섭단체(20명이상)를 구성한 당에서만 선임된다.

10. 정답 ④

해설 마라케시협약(2013년)은 2013년 6월 세계지적재산권기구(WIPO)가 채택한 독서 장애인을 위한 저작물 활용 허용 국제조약이다.
※ 참고
- 스톡홀름협약(2001년): 잔류성유기오염물질(POPs)의 국제적 규제를 위해 2001년 5월 채택돼 2004년 5월 발효된 협약이다.
- 리우협약(1992년): 지구 온난화를 일으키는 온실 기체 배출량을 억제하기 위한 기후변화 방지 협약으로

1992년 6월 브라질 리우회의에서 제정되었다.
- 바젤협약(1989년): 유해 폐기물의 수출입과 그 처리를 규제하려는 목적으로 1989년 3월 스위스 바젤에서 제정되었다.
- 몬트리올 의정서(1989년): 오존층 파괴 물질인 염화불화탄소(CFCs)의 생산과 사용을 규제하려는 목적에서 캐나다 몬트리올에서 제정되었다.
- 런던협약(1972년)은 폐기물의 해양투기로 인한 해양오염을 방지하기 위해 영국 런던에서 채택되었다.
※ 국가정보학과 전혀 상관없는 문제 중의 하나이다.

11. 정답 ③

해설 애국법은 수사기관의 대테러 수사를 강화하기 위한 법으로 테러피해자의 보상문제는 포함되지 않았다.
※ 애국법은 2001년 9.11테러후 수사기관의 대테러강화를 위한 수사기능을 강화시킨 법이다. 애초 법령 중에 각조항마다 년한을 정하였으며, 이중 일부 독소조항인 16개조항은 4년(2005년말)의 기한 후 종료되게 제정하였다.

12. 정답 ②

해설 비밀공작은 원칙적으로 정당성을 가진다고 볼 수 없다.
※ 비밀공작의 정당성에 관한 논의는 여전하다. 기본적으로 국내법은 적법한 절차를 거치지만, 대상국에서는 합법적이 아닌 폭력적 활동으로 간주되기 때문이다. 따라서 UN에서도 비밀공작을 공식적으로 인정하지 않고 있다.

13. 정답 ②

해설 국가안보법(1947년)은 정보통제법이 아니다.
※ 1947년 제정된 국가안보법(National Security Law)은 「국가 안보에 관련된 국내정책, 대외정책 및 군사정책에 대해 대통령에게 종합적으로 자문」하기 위한 법이다. 이법을 근거로NSC, CIA등이 창설되었다.

14. 정답 ③

해설 (ㄴ)-(ㄱ)이다.
(ㄱ) 인질범이 인질에게 동화: 리마 증후군
(ㄴ) 인질이 인질범에게 동화: 스톡홀름 증후군
※ 런던증후군 용어가 나오는데, 공식적으로 어떠한 내용인지 확인하기 어렵기에 두가지만 포함시켰다.

15. 정답 ①

해설 비정보요원은 첩보원과 협조자를 포함한다. 따라서 첩보원만 정보기관과 계약관계를 형성하고 협조자는 계약관계가 없다.

16. 정답 ④
해설 준군사공작은 포함되지 않았다.

17. 정답 ④
해설 비밀은 포함되지 않는다.
"정보는 지식이고 조직이며 활동이다."

18. 정답 ②
해설 통합형-분리형-통합형-통합형에 대한 설명이다.
※ ㉠ 정보의 독점, 은폐로 정보실패의 가능성이 초래될 수 있다.(통합형 단점)
㉡ 각각 기관별 인원 증대로 조직의 비대화를 초래한다.(분리형 단점)
㉢ 정보조직이 관료화되어 역동성이 떨어지고 경쟁력이 저하된다.(통합형 단점)
㉣ 정보에 대한 중앙집권적 통제가 용이하다.(통합형 장점)

19. 정답 ②
해설 모든 정부부처의 정책결정은 제공하는 정보를 근거로 정책결정을 한다. 업무속성과 업무문화에 따라 정책결정시 실패할 확률이 매우 크다.

20. 정답 ②
해설 국무총리는 국정원장에게 필요한 정보업무를 지시할 수 없다. 대통령만 지시할 수 있다.

21. 정답 ①
해설 통제-적절성이다.

22. 정답 ①
해설 영국은 '앤여왕법'을 제정하여 국가가 개인의 지적재산권을 보장하였다.

※ 앤여왕법(Statute of Anne)
1710년 영국에서 제정된 세계최초의 저작권법. 출판물의 보호를 위해 저자에게 배타적인 권리를 부여함과 동시에 저작권의 기간을 28년으로 한정했다.

23. 정답 ②

해설 국가정보가 정책결정단계에서 유용한 정책을 선택하는데 직접 관여해서는 안된다. 정책을 선택하는데 유용한 정책의 선택을 지원하고 국력의 효과적인 사용을 지원하는데에 그 효용성이 있다.

24. 정답 ④

해설 경제간첩이나 산업간첩을 운용하는 주체가 국가기관인지 혹은 민간인지 분명하며, 수집하는 목적도 국가적 차원인지 상업적 목적인지 명확하다.

25. 정답 ①

해설 공직가장은 정보관(장식요원)외에 비공식요원인 정보원은 포함되지 않는다.
※ 비공직가장은 NOC(Non Official Cover)라고도 한다.

2022년도 9급 기출문제 정답 및 해설

1	②	2	②	3	③	4	④
5	④	6	②	7	③	8	②
9	①	10	④	11	④	12	④
13	②	14	③	15	④	16	②
17	②	18	②	19	④	20	②
21	③	22	①	23	②	24	③
25	④						

1. 정답 ②, 판단정보는 분석 및 평가를 거친 정보로서 평가정보, 혹은 예측정보라고도 한다.

해설 ※ 참고
① 현용정보는 동태적으로 변화하는 정보로서 일일정보, 뉴스 등이 여기에 포함된다.
③ 북한정보는 국내정보에 포함되지 않고 별도로 구분한다. 국정원 임무에도 북한정보, 해외정보를 수집한다고 명확하게 구분하고 있다.
④ 판단정보는 과거와 현재의 정보를 바탕으로 분석한 정보로 주요전략정보, 국제정세판단, 판단정보 등이 여기에 속한다.

2. 정답 ②

해설 (ㄱ)-(ㄴ)-(ㄹ)이다.
ECHELON에 해당하는 국가는 5개국으로 미국, 영국, 호주, 캐나다, 뉴질랜드이다.

3. 정답 ③

해설 항공사진은 영상정보이다.

4. 정답 ④

해설 위협의 성공 확률이 아니라 '위협의 크기' 이다. 즉, 위협의 규모나 수준이 어느정도 인지가 포함된다.

5. 정답 ④

•해설• Swarm ball 현상이다.

※ 'Swarm ball'은 수집하는 본인이 중요하게 생각하는 것이나 혹은 정책결정자가 중요하게 생각하는 것에 집중하여 수집활동을 주력하는 것을 의미한다.

6. 정답 ②
•해설• 기획 및 지시-분석 및 생산이다.

7. 정답 ③
•해설• 북한 핵은 미스터리가 아니라 명백하게 6차까지 핵실험을 통해서 탄도미사일에 장착할 수 있는 핵무기를 보유하였고, 대략 20~30여기의 탄두를 보유한 것으로 추정하고 있다. 다만 국제적으로 핵보유국임을 인정하지 않았을 뿐이다.

8. 정답 ②
•해설• 폴리비우스암호는 헬레니즘 시대의 고대 그리스 역사가 폴리비오스(Polybios)가 발명한 암호 방법으로, 5x5 행렬의 형태로 되어 있는 암호표를 기반으로 치환 방법을 사용하여 암호화하는 방식이다.

※ 클라우제비츠 [Karl Clausewitz]: 독일(프로이센)의 군인·군사 평론가로서 프로이센 육군의 건설 공로자이다. 나폴레옹 전쟁에 참가하였고, 1831년 사관 학교장을 엮임하였으며, 저서 《전쟁론 Von Kriege(1832~37)》은 전술(戰術) 연구의 고전으로 높이 평가된다.

9. 정답 ①
•해설• 흑색선전은 선전공작에 포함된다.
경호지원은 지원공작의 비정보적 지원에 해당한다.

10. 정답 ④
•해설• 'E-Ethnics'아니라 'E-Ego(자존심)'이다.

※ 참고
③ C-Comprise는 기출문제상 오탈자이다. Compromise가 정확한 용어이다.

11. 정답 ④
•해설• 방첩활동의 범위는 상대국 정보기관뿐만 아니라, 개인·기관·기업 등 모두가 포함된다.

※ PNG(Persona Non Grata): 외교관이 해당국가에서 불법행위시 사법처리 대상이 아니기에 본국으로 추방하는 명령을 말한다. 방첩차원에서 외교관의 불법행위를 추적감시하여 사전에 추방하는 경우가 이에 해당한다.

12. 정답 ④

• 해설 • 원거리에 대한 정보수집이 가능하지만 통신정보의 경우 기만에 따른 정보의 신뢰성이 매우 제한되며 영상정보는 위장시 수집이 제한되고 정확한 판독이 어렵다.
※ 기술정보는 초기비용도 많이 들지만 계속적인 운용에도 많은 비용이 소요된다.
(정찰위성·정찰기 운용, 신호장비 개발 등 고비용 때문에 저개발국가들은 운용조차 못하는 것이 기술정보이다.)

13. 정답 ②

• 해설 • 프랑스-MID는 전혀 맞지 않는다.
DGSE, DGSI, DRM, DRSD가 프랑스 정보기관이다.
※ 참고
호주-ASIS(비밀정보국, 해외정보기구)는 맞다.

14. 정답 ③

• 해설 • (ㄴ)-(ㄷ)-(ㄹ)이다.
즉, 집행 및 평가단계에서 정보의 역할은 (ㄴ) 집행시기의 적절한 판단, (ㄷ) 무역협정·강대국간 군축협정·외국조약 등 검증위한 정보지원, (ㄹ) 현재 진행하고 있는 각종 정책의 평가 지원 등이 해당된다.

15. 정답 ④

• 해설 • 정찰총국은 별도의 최고사령관 직속의 군정보기관으로 국가안전보위성과는 별개의 독립된 정보기관이다.

16. 정답 ②

• 해설 • 논리폭탄(Logic-Bomb)-웜이다.

17. 정답 ②

• 해설 • 자국내 상대국가의 대사관, 영사관 등 장소도 모두 방첩의 대상이다.
※ 그러나 대사관이나 영사관에 방첩기관이 임의로 진입할 수 없으며 허가 받아서 출입이 가능하다.

18. 정답 ②
해설 유선전화는 중간에 선을 가로채서 도청이 가능하다. 그래서 지하매설이 기본이다. 그렇다고 해서 무선전화기를 사용하면 오히려 대부분 감청이나 도청 될 확률이 더욱 높다.(군부대에서 무전기 사용 제한하는 이유)

19. 정답 ④
해설 국가정보는 정권의 안보보다 무조건 국가안보를 가장 최우선시 해야 한다.

20. 정답 ②
해설 법적근거와 정보활동의 합법성을 도모하는 것은 법률적 접근방법이다.

21. 정답 ③
해설 NGA는 NRO로부터 수집된 영상정보를 판독 및 평가하고 지형정보를 생산한다.
영상정보 및 신호정보를 수집하고 군사정찰위성을 관리하는 기관은 NRO이다.

22. 정답 ①
해설 모든 국가의 정보기관은 국내적인 이슈뿐만이 아니라 국제적인 안보환경의 변화나 이슈에 의해서도 정보기구가 개편되거나 발전하고 있는 것이 현상이다.
※ 참고
② 미국은 1947년 국가안전보장법에 의해서 CIA와 DCI(중앙정보장), DOD(국방부, United States Department of Defense, 1947.9.18일 창설)의 창설계기가 되었다.
④ 현재 러시아-우크라이나 전쟁으로 그동안의 세계화 추세가 퇴보하고, 실제로 국가간의 안보협력, 경제협력 등 다자간, 혹은 지역간 동맹이나 협력체제로 강화되고 있는 추세이다.

23. 정답 ②
해설 대통령 등 행정부에 의한 정보통제는 의회의 정보통제보다 강력하지 않다. 오히려 의회의 정보통제가 더욱 강력하다.

24. 정답 ③

해설 정보생산자는 모든 첩보를 수집하는 것은 맞다. 그러나 해외에서는 대상국의 법적용을 받지 않지만 국내에서의 정보활동은 국내법의 적용을 받아야 한다.

※ 전통적으로 정보사용자는 현용정보 위주의 단기정보를 정책에 반영하는 경향이 있다.
판단정보는 시간이 소요되기에 그때그때 이슈되는 단기정보를 선호하는 경향이 있다.(이런 현상은 정보에 대한 이해도가 부족하기 때문이다)

25. 정답 ④

해설 국방부는 방첩기관이 아니다. 군사안보지원사령부가 방첩기관이다.

2023년도 7급 기출문제 정답 및 해설

1	①	2	②	3	③	4	②
5	③	6	③	7	④	8	③
9	③	10	①	11	④	12	①
13	①	14	④	15	④	16	③
17	②	18	②	19	①	20	②
21	④	22	①	23	①	24	②
25	③						

1. 정답 ①
- 해설: 기술정보는 인간정보보다 비용이 많이 소요되며 수집 및 분석에 많은 인력과 시간이 소요된다. 신호정보나 영상정보 수집장비 개발 및 운용비용이 상대적으로 많이 소요되며, 기술개발에도 많은 고급기술을 필요로 한다.

2. 정답 ② 로버트 한센이다.
- 해설: FBI방첩관으로 근무하면서 1985년부터 2001년까지 15년간 소련(러시아)에 미국의 주요기밀을 팔아넘기다 체포, 종신형을 받고 복역중에 2023년 6월(5일) 교도소에서 사망하였다.

3. 정답 ③
- 해설: 국가의 존립·안전이나 자유민주적 기본질서를 위태롭게 한다는 점을 알면서 반국가단체의 구성원 또는 그 지령을 받은자와 회합·통신 기타의 방법으로 연락을 한자는 10년 이하의 징역에 처한다.

4. 정답 ② 퍼플(Purple)은 일본해군이 사용한 암호작전명이다.
- 해설: ※ 참고
  ① 울트라(Ultra): 영국군의 독일군 대상 암호 작전명
  ③ 그리핀: 그리핀 작전은 영국의 MI6가 독일의 군사과학 기밀을 빼내기 위해 실행한 암호작전명
  ④ 매직(Magic): 미군의 일본군 대상 암호작전명

5. 정답 ③
해설 애국법(2001년)은 9.11테러이후 정보기관의 대테러 정보활동을 강화하기 위해 제정되었다.

6. 정답 ③
해설 NGA는 2003년 NIMA(국가영상지도국)을 모체로 CIA 및 국방부산하의 영상관련 기능을 통합하여 국방부 소속의 영상정보기관으로 확대 개편하였다. 정보업무 조정 통제는 DIA가 실시한다.

7. 정답 ③
해설 PNIO에 근거하여 EEI(첩보기본요소)를 작성한다.

8. 정답 ③
해설 1957년 소련이 최초로 민간 인공위성인 '스푸트니크'를 발사하였다.
　※ 참고
　① 코로나: 1959년 미국 군사정찰위성(영상)
　② 셀리나: 1967년 소련 군사정찰위성(신호)
　④ 제니트: 1962년 소련 군사정찰위성(영상)

9. 정답 ③
해설 소련의 신호정보 위성은 1967년 발사한 셀리나(Tselina)이다. 코스모스(Cosmos)시리즈는 1970년대 이후부터 통합명칭으로 사용하였다.

10. 정답 ① 베츠이다
해설 선지에 나와 있는 아브람 슐스키, 마이클 허만, 제프리 T. 리첼슨은 해당되지 않는다. 베츠(컬럼비아대학교 정치학 교수, 정치학자)는 신진정보학자로서 정보에 관한 논문을 다수 발표하였다.

11. 정답 ④
해설 제국익문사는 1902년 고종때 창설되어 활동하다가 1907년 고종이 퇴위하면서 일제에 의해 강제 해산되었다.

12. 정답 ① 사이버테러방지법이다.

해설 2016년 당시 새누리당(현재 국민의힘)에서 대테러법을 제정하면서 사이버테러방지법도 동시에 추진하였으나 민주당이 사생활 및 인권침해를 이유로 반대하여 아직까지 제정하지 못하고 있다. 현재 행정명령(대통령 훈령)인 '국가사이버안전관리규정'과 '사이버안보업무규정'에 근거하여 사이버테러에 대응하고 있다.

13. 정답 ①

해설 CIA는 소련의 붕괴(1991년) 및 인도 핵실험(1998년)의 미예측에 따른 정보실패요인을 점검하기 위해 진상조사위원회를 구성하여 검토한 결과 분석관의 정보판단오류가 지배적임을 알고 이에 대한 대안으로 '대안분석기법'을 1999년부터 본격 도입하여 분석에 적용하였다.

14. 정답 ④ 선지는 정세전망기법을 설명하였다.

해설 베이지안기법은 본래 가설을 설정한 후 추가정보를 입수하여 걸러내면서 높은 확률수치를 통해 최상의 결론을 도출해 낸다.

15. 정답 ④

해설 16세기 후반 영국 월싱햄 공작은 엘리자베스 1세의 왕권보호 및 암살음모를 적발하는 등 왕권수호만을 위해 설립된 비밀조직이다. 내부치안을 의한 조직이 아니다.

16. 정답 ③

해설 공직가장 정보관은 대상국에 신분이 노출되어 있어서 감시추적 대상자로서 다양한 종류의 대상자들과 접촉할 수 없다. 비공직가장은 가능하다.

17. 정답 ②

해설 삐에르 살르 빠테 사건은 소련의 KGB가 프랑스 공산주의자이자 언론인인 '삐에르 살르 빠테'를 포섭하여 프링스내에서 친소성책 및 공산주의 선전을 활발하게 수행한 것으로서 정치공작 중 영향공작의 대표적인 사례이다.

18. 정답 ②

해설 스노든폭로와 관련하여 미국정부가 대외에 공식적으로 부인하거나 입장을 발표하지 않았다. 다만, 내부적으로 국가정보국장(DNI) 제임스 클래퍼는 2016년 10월 하원에서 NSA의 감시활동이 해외정보감시법원(FISC) 및 해외정보감시법에 근거하여 이루어졌으며, 모든 국가에 대한 첩보수집은 기본이라고 하였다. 미 하원의장 존 베이너 의원은 스노든을 '배신자'라고 지칭했고 러시아에 망명한 스노든의 송환을 미국정부는 계속 요구하고 있다.

※ 스노든 폭로사건
2013년 6월 10일, 전직 NSA 계약요원인 에드워드 조지프 스노든(Edward Joseph Snowden)이 가디언과 워싱턴 포스트를 통해, 미국 국가안보국(NSA)과 영국의 GCHQ 등의 정보기관들이 전세계의 일반인들의 통화기록과 인터넷 사용정보 등의 개인정보를 PRISM이란 비밀정보수집 프로그램을 통해 무차별적으로 수집, 사찰해온 사실을 폭로한 내부고발 사건이다.

19. 정답 ①
• 해설 • 해외정보감시법(1978년)은 비밀공작관련 법령이 아니다. 미국에서 활동하는 외국정보요원, 기타 전세계 테러 및 간첩의심자들에 대한 정보기관의 감청 및 정보수집활동과 관련된 법이다.
미국의 NSA등 각 정보기관들은 이 법령에 의해 전세계를 대상으로 첩보를 수집하고 있다.

20. 정답 ②
• 해설 • 로웬탈(Lowenthal)은 '모든 첩보가 반드시 정보는 아니다' 라고 정의했다. 기본적으로 끝없는 은폐와 기만으로 가득찬 부분을 꿰뚫고자 하는 노력이라고 정의한 학자는 마이클 허만이다.
※ 마이클 허만은 이외에도 정보는 추론적이며 평가적인 지식이다..라고 정의했다.

21. 정답 ④ 위협이다.
• 해설 • 외부국가의 자국에 대한 위협에 대비하기 위한 것이 국가정보기관의 존재이유이다.

22. 정답 ①
• 해설 • 겔렌은 소련을 증오하는 독일의 반공주의자로서 이념이나 신념으로 협조한 사람들이 금전적 이익 때문에 협조자가 된 사람들보다 더 신뢰할 수 있다고 주장했다.

23. 정답 ①
• 해설 • 비밀을 저장·관리하였던 USB 등 보조기억매체는 보관책임자가 그 비밀의 내용을 복구할 수 없도록 완전 삭제한 후 파기하여야 한다. 다만, 보조기억매체를 비밀보관용으로 재활용할 경우에는 보안담당관의 승인

을 받은 후 사용하여야 한다. (보안업무시행규칙 제50조 ③항)
※ ④ 암호자재를 사용하는 기관은 국가정보원장이 인가하는 암호체계의 범위에서 암호자재를 제작할 수 있다.(보안업무시행규칙 제3조 ③항)

24. 정답 ②
해설 전통적인 테러조직은 위계적이고 단일화된 형태로 비교적 실체 파악이 용이하지만, 뉴테러리즘의 조직은 다원화되어 있고 국제적으로 연계되어 있어서 그 실체를 파악하기 매우 어렵다.

25. 정답 ③ 베츠가 아닌 코드빌라의 주장이다.
해설 ※ 위에 언급되는 베츠 및 코드빌라 등 신진정보학자들이 최근 활발한 연구활동을 통하여 많은 국가정보학 이론을 주장하고 있다.

2023년도 9급 기출문제 정답 및 해설

1	③	2	④	3	④	4	①
5	②	6	①	7	①	8	③
9	①	10	①④	11	①	12	③
13	②	14	②	15	①	16	③
17	①	18	①	19	④	20	①
21	③	22	②	23	①	24	④
25	③						

1. 정답 ③

•해설• 마크로웬탈의 정보순환과정은 정보요구-정보수집-처리 및 탐색-분석 및 생산-배포 및 소비-환류 등 6단계이다. 환류가 누락되어 있다.

2. 정답 ④ 수단이다.

•해설• 수단 대신 쿠바(2021년 지정)가 포함된다.

3. 정답 ④

•해설• 국가의 존립 및 안전이나 자유민주적 기본잘서를 위태롭게 한다는 점을 알면서 반국가단체나 구성원 또는 그 지령을 받은자의 활동을 찬양·고무·선전 또는 이에 동조하거나 국가변란을 선전·선동한 자는 7년 이하의 징역에 처한다.(제7조, 찬양 고무죄 ①항)

4. 정답 ①

•해설• 거짓이나 그 밖의 부정한 수단이나 방법으로 다른 사람이 처리 하고 있는 개인정보를 취득한 후 이를 영리 또는 부정한 목적으로 제3자에게 제공한 자와 이를 교사·알선한 자는 10년 이하의 징역 또는 1억원 이하의 벌금에 처한다.(개인정보보호법 제70조 벌칙조항)

5. 정답 ② 늑대소년효과이다.

6. 정답 ①

해설 결론은 미괄식이 아니라 먼저 서술하라

※ CIA의 정보보고서 작성 10계명(원칙)

가. 결론을 먼저 서술하라.(Put big picture, conclusion first)
나. 정보를 조직화, 체계화하라.(Organize information)
다. 보고서의 형태를 준수하라.(Understand format),
라. 적합한 언어를 사용하라.(Use precise language)
마. 단어를 경제적으로 사용하라.(Economic on words)
바. 생각한 것을 분명하게 표현하라.(Achieve clarity of thought)
사. 능동태로 표현하라.(Use active voice, not passive voice)
아. 자기가 작성한 보고서를 스스로 편집하라.(Self-edit your writing)
자. 정보 사용자의 필요성을 분명히 하라.(Know your reader's needs)
차. 동료의 전문지식과 경험을 활용하라.(Draw on the expertise and experience of your colleagues)

7. 정답 ①

해설 제2차 세계대전이 종료된 직후 후버 국장이 FBI의 영역을 해외까지 확대시키려는 계획을 제시했지만, 1947년 CIA가 설립되면서 FBI의 활동범위는 국내로 축소되었다. 그러나, 해외주재 미국 대사관에 파견되는 FBI 대표부는 계속 존속하고 있다.(주한미국대사관에도 FBI 파견사무소가 있다)

8. 정답 ③ '로이 갓슨' 이다.

해설 로이 갓슨(Roy Godson)은 정책결정자가 정책결정을 함에 있어서 분석관은 정책결정자와 상호 밀접한 관계를 유지, 정책결정에 적합한 분석 자료를 제공해 주는 것이 바람직하다고 주장하였다.

9. 정답 ①

해설 영상정보는 과거 광학렌즈를 이용하여 악천후나 야간에든 수집이 제한되었으나, 최근 정찰기나 군사정찰위성 모두 전천후 적외선 및 레이다 영상장비, 전자광학 장비 등을 개발하여 야간 및 악천후시에도 전혀 무관하게 영상정보를 수집한다.

10. 정답 ①,④

> **해설** ① FSB는 연방통신업무를 수행하지 않으며, 연방통신업무는 연방정보통신국(FAPSI)이 담당(국내 정보통신 인허가권보유, 통신시설 설치운영, 통신업무 수행)한다.
> ④ SVR은 인간정보위주의 해외수집기관으로서 정찰위성은 GRU(영상, 신호)와 FAPSI(신호)가 각각 운용한다.
> ※ 동 문제는 일반적이지 않은 사항을 출제한 사례로서, 만약 어느 한 선지가 사실일 경우라도 정답 2개로 인정해야 할 사안이다. 대표적인 오류문제로 볼 수 있다.

11. 정답 ①
> **해설** 미국내 정보연구는 1970년대 이후 베트남전쟁과 워터게이트사건으로 관심이 증대, 학계의 연구가 매우 활발하게 진행되었다.

12. 정답 ③
> **해설** 어떤 현상의 배경과 인과관계를 중시하는 결과 행위자의 주관적 의도를 파악하는데 유용한 방법은 질적분석 방법이다.

13. 정답 ②
> **해설** 공개정보는 행정기관의 보안문제로 접근이 어려워 수집 및 활용이 제한된다는 것은 적절치 않다. 공개정보는 인터넷으로 접근이 가능한 정부부처나 행정기관에 들어가서 공개된 내용만 수집하는 방법이다. 접근자체가 어려운 정보기관이나 행정기관 내부망에 침입하여 수집하는 것이 아니다. 그것은 해킹이기 때문에 공개정보 수집과 차원이 다르다.(참고: 저자 본인이 공개정보단 수집부대장 출신이기에 경험적인 요소임)

14. 정답 ②
> **해설** 대테러센터는 국가테러대책위원회 소속의 산하기관으로 24시간 실무적인 업무를 담당한다. 국정원과는 관련이 없다.

15. 정답 ①
> **해설** 경보가 격상될 때마다 국방부와 각군본부, 군단급부대에 편성된 정보전 대응팀(CERT) 등 군내부만 적용한다. 민간에게는 적용하지 않는다.
> ※ INFOCON→CPCON(2021.1.1.일부 변경시행)으로 변경되었음에도 아직까지 INFOCON이라는 용어와 경보단계도 과거 그대로 출제되었음. 이는 출제교수들이 군내부에 대하여 전혀 파악하지 못하는 현상으

로 어쩔 수 없는 제한사항이기는 하나, 학자의 입장에서 안타까운 현상임.(따라서 문제 및 답 선지도 CPCON 에 맞추어서 복원시킴)

16. 정답 ③
해설 국가핵심기술을 외국기업에 매각 및 이전 등의 방법으로 수출시에는 산업통상자원부장관의 승인을 얻어야 한다.(제11조 ①항, 국가핵심기술 수출)

17. 정답 ①
해설 정찰총국이다. 2009년 확대 개편되었으며, 김정은이 집권후 가장 활발하게 대남 정보수집, 대남 비밀공작, 사이버테러 등을 일삼는 정보기관이다. 지금은 김정은의 비호아래 국가보위성보다 막강한 정보활동을 벌이고 있다.

18. 정답 ①
해설 한국인터넷진흥원(KISA)-사이버침해대응본부이다. 과학기술정보통신부에서 직접 대응본부를 운용하지 않는다. 나머지 사이버 대응기관은 정확하다.

19. 정답 ④ 반간이다.
해설 손자는 반간을 잘 활용하면 적의 내부사정을 알게 되어 추후 향간과 내간도 포섭할 수 있다고 보아서 반간을 후히 대접하도록 강조하였다.

20. 정답 ① 악마의 대변인이다.
해설 '미러이미지'는 분석관 개인이 주관적 개입과 자신이 생각하는 방향으로 분석하는 개인적 오류의 하나이다. 이 경우에는 반대입장을 취하는 사람을 선정하여 분석관과 1:1로 실제 예상되는 이슈나 반대되는 내용을 격렬하게 토론하여 최선의 결과를 얻어내는 기법으로 '미러이미지'를 불식시키는데 유용하다.
※ 레드팀은 개인이 아닌 다수의 집단끼리 팀을 나누어서 상대방의 입장에서 집단논쟁을 벌이는 형식으로 주로 군에서 적용, 훈련시 대항군 운용해서 실제 많이 훈련하고 적용한다.

21. 정답 ③
해설 방첩의 대상에는 적성국만 분만 아니라 우방국 등 모든 국가가 해당된다.

※ 미국 NSA의 전세계를 대상으로 하는 도청·감청활동도 미국내 해외정보감시법에 근거하여 대테러 및 방첩차원에서 정보수집을 하고 있다. 한국이나 모든 국가도 자국안보와 방첩, 핵심기술 차단 등 여차 국익을 위해서 방첩활동을 하고 있다.

22. 정답 ②

해설 비밀은 분류 시 비밀 보호를 위해 최저등급의 비밀로 분류해야 한다.(비밀분류원칙, 규정 제12조)

23. 정답 ①

해설 바이러스 유포는 해킹과 무관한 범죄에 해당한다. 나머지는 해킹과 관련 된 범죄 유형이다.

24. 정답 ④ 사진, 글, 기타 다른 매체에 메시지를 숨겨서 전달하는 방법으로 Steganograpy이다.

해설 ※ Devoke는 무인 포스트로 일정한 장소에 묻거나 숨겨두고 가져가도록 하는 방법이다.

25. 정답 ③

해설 정보기관 정보순환과정의 책임 명확화는 통제범위에 벗어난다. 의회가 정보기관 내부에서 정보활동하는 모든 내용을 수시로 통제하고 책임을 물을 수 없으며 이는 의회의 통제범위를 벗어나는 행위이다. 오히려 정보기관의 임무수행에 제한을 주어 크게는 국가안보에 큰 지장을 초래할 수 있다.

2024년도 7급 기출문제 정답 및 해설

1	①	2	②	3	②	4	④
5	②	6	④	7	④	8	①
9	③	10	①	11	②	12	③
13	①	14	①	15	②	16	④
17	③	18	①	19	④	20	④
21	③	22	②	23	②	24	③
25	①						

1. ①
•해설• 기본정보는 상황 또는 사물의 정적인 상태를 기술하는 것으로서 기본적 항목과 내용에 대해 기술하는 것이다. 정책결정자가 가장 관심이 있는 정보는 적대 국가 또는 적대세력의 위협에 대해 경보정보로서 이는 적시적인 위협과 관련된 현용정보나 혹은 동내용을 종합 분석한 판단정보이다.

2. ②
•해설• 일본은 행정부 차원에서 '지식재산보호전략'을 수립하여 대응하고 있으며, 경제산업성 예하 일본무역진흥기구가 주로 산업정보를 수집하고 있다. 산업기술 보호를 위해서는 부정경쟁방지법을 제정하여 산업스파이 방지를 위해 힘쓰고 있고, 기술정보 적정관리법을 제정하여 자국 산업정보의 해외 유출을 막기위한 노력도 활발하게 전개하고 있다.

3. ②
•해설• EEI(첩보기본요소)는 OIR이 아니라 PNIO를 기초로 하여 국가정보기관의 각 부서 및 부문정보기관이 수집해야 할 첩보의 세부적 지침이다.

4. ④
•해설• 프랭클린 루즈벨트 대통령은 1942년 도노반을 수반으로 하는 전략정보국을 설립하였고, 전략정보국(OSS)은 1946년 중앙정보단(CIG)을 거쳐서 제2차대전 종전후인 1947년에 CIA로 확대 개편되었다.

5. ②
•해설• 지리공간정보를 담당하는 미국의 정보기관은 인공위성을 개발하고 수집하는 국가정찰국(NRO)과 수집첩보를 분석하는 국가지리공간정보국(NGA)이 있다.

6. ④
•해설• 북한 '만리경-1호' 위성은 3차 시도시(2023.11.21)성공하여 500km 고도에 안착하여 궤도를 돌고 있는 것으로 미국 NASA가 추적하고 있다. 다만 임무수행여부는 확인되지 않고 있다. 북한은 만리경-2호를 2024년 5월 27일 추가 발사하였으나 실패하였다.

7. ④
•해설• 스파이 활동을 차단하려고 감시할 때는 철저하게 비노출 간접활동으로 감시하는 것이 원칙이나, 스파이 용의자를 발견한 경우에는 근접 및 노출감시의 방법을 활용한다. 이는 스파이의 정보활동을 억제시키기 위해서 감시활동을 의도적으로 강화하는 조치이다.

8. ① **보안서약에 대한 설명이다.**
•해설• 보안서약은 취득한 기밀을 누설하지 않겠다는 다짐을 받는 것으로써 심리적인 압박을 주어 기밀을 철저히 보호하는 데 목적이 있으며, 단체가 아니라 개별적으로 서약을 받는다.

9. ③ **㉠ 객관성, ㉡ 정확성에 대한 설명이다.**
•해설• 정보의 질적요건중 ㉠은 객관성, ㉡은 정확성에 대한 설명이다.

10. ①
•해설• 한국은 2001년 김대중 정부때 한나라당이 테러방지법 제정의 필요성이 제기되었으나 민주당이 국민의 기본권 침해 가능성 등을 이유로 거부하다가, 2016년 김기종테러분자가 주한미국대사(니퍼트)에 대한 테러행위로 다시 테러방지법의 중요성을 강조하여 2016년 2월 23일 제정되었다.

11. ② **선전공작에 관한 내용이다.**
•해설• 비밀공작 중에서 가장 기본인 선전공작에 대한 설명이다.

12. ③

해설 국가기밀에 속하는 문서·자재·시설·지역 및 국가안전보장상에 한정된 국가 기밀을 취급하는 인원에 대한 보안업무만 수행한다. 각급 기관에 대한 보안감사는 실시하지 않는다. 정부부처의 경우도 해당 장관이 자체적으로 실시한다.

※ 국가정보원법 제4조(직무) ① 국정원은 다음 각 호의 직무를 수행한다.
1. 다음 각 목에 해당하는 정보의 수집·작성·배포
   가. 국외 및 북한에 관한 정보
   나. 방첩(산업경제정보 유출, 해외연계 경제질서 교란 및 방위산업침해에 대한 방첩을 포함한다), 대테러, 국제 범죄조직에 관한 정보
   다. 「형법」 중 내란의 죄, 외환의 죄, 「군형법」 중 반란의 죄, 암호 부정사용의 죄, 「군사기밀 보호법」에 규정된 죄에 관한 정보
   라. 「국가보안법」에 규정된 죄와 관련되고 반국가단체와 연계되거나 연계가 의심되는 안보침해행위에 관한 정보
   마. 국제 및 국가배후 해킹조직 등 사이버안보 및 위성자산 등 안보 관련 우주 정보
2. 국가 기밀(국가의 안전에 대한 중대한 불이익을 피하기 위하여 한정된 인원만이 알 수 있도록 허용되고 다른 국가 또는 집단에 대하여 비밀로 할 사실·물건 또는 지식으로서 국가 기밀로 분류된 사항만을 말한다. 이하 같다)에 속하는 문서·자재·시설·지역 및 국가안전보장에 한정된 국가 기밀을 취급하는 인원에 대한 보안 업무
3. 제1호 및 제2호의 직무수행에 관련된 조치로서 국가안보와 국익에 반하는 북한, 외국 및 외국인·외국단체·초국가행위자 또는 이와 연계된 내국인의 활동을 확인·견제·차단하고, 국민의 안전을 보호하기 위하여 취하는 대응조치
4. 다음 각 목의 기관 대상 사이버공격 및 위협에 대한 예방 및 대응
5. 정보 및 보안 업무의 기획·조정
6. 그 밖에 다른 법률에 따라 국정원의 직무로 규정된 사항군사기밀보호법 제5조 ③항(군사기밀의 보호조치 등)

13. ① ㄱ, ㄴ가 정답이다.

해설 ※잘못된 사항(국방보안업무훈령 제18조 비밀분류원칙)
ㄱ. 비밀은 그 자체의 내용과 가치의 정도에 따라 분류하여야 하며, <u>다른 비밀과 관련하여 분류해서는 안된다</u>.
ㄴ. 비밀은 적절히 보호할 수 있는 <u>최저등급으로 분류</u>하되, 과도하거나 과소하게 분류하여서는 안된다.

14. ①

해설 중앙행정기관, 지방자치단체 및 공공기관의 정보통신망은 「사이버 안전관리규정」에 의거, 주요 정보통신기

반시설은 「정보통신기반보호법」에 의거하여 각각 사이버전 대응 체제를 구축하고 있다. 즉, 국방부도 동 법에 의거하여 대응체제를 유지하지 별도의 법에 의해 대응하지 않는다.

※ 국가사이버안전관리규정 제3조(적용범위): 이 훈령은 중앙행정기관(대통령 소속 기관, 국무총리 소속 기관 및 국가인권위원회를 포함한다. 이하 같다), 지방자치단체 및 공공기관의 정보통신망에 적용한다. 다만, 「정보통신기반보호법」에 따른 주요정보통신기반시설에 대해서는 「정보통신기반보호법」을 우선 적용한다.

15. ② 방첩에 관한 내용이다.

해설 과거 단순한 인원보안차원을 벗어나 국가안보의 중요한 요소로 등장하며, 특히 테러, 마약, 국제범죄, 사이버테러 등이 초국가적인 안보 이슈로 확대되면서 국내 방첩기관들의 방첩활동 영역 범위가 더욱더 확대되어 가고 있다.

16. ④ ㄴ(정보요구), ㅁ(정보분석)이 해당한다.

해설 정보의 순환과정은 정보요구-정보수집-수집정보처리-정보분석-배포 등 5단계이다. 이중에서 ㄴ은 정보요구, ㅁ은 정보분석에 해당된다.

17. ③

해설 국가정보는 국가정책의 효과와 비용 등을 검토하고 예측, 평가할 수 있다는 점에서 효율적으로 정책을 지원할 수 있다. 그러나 이것을 넘어 정책을 주도하는 기능을 가질수 없으며, 설사 능력이 되더라도 해서는 안된다.

18. ① 분산형에 대한 설명이다.

해설 요즘은 대부분 국가의 정보기관에서 중앙집중형을 선호하고 있다.

19. ④

해설 핵심적이익은 국가의 안전보장과 질서에 치명적인 손실을 초래할 수 있는 사항으로 가능한 단시일 내에 강력한 대응이 요구되며, 행정부의 긴급한 기획 및 대통령의 깊은 관심이 요망된다.

20. ④ 소유효용이다.

※ 정보 효용의 5가지 요소
① 형식적 효용: 정보보고서가 정책결정자가 원하는 형식이 아닐 경우 효용이 떨어지는 현상

② 시간적 효용: 정보의 질적 요소인 적시성과 비슷한 의미를 가진 효용, 모든 정보는 의미를 가지는 시간이 있고 그 시간이 지나면 효용이 떨어지는 현상
③ 통제효용: 아무리 잘 만든 정보하고 반드시 필요한 사람들에게만 이용이 될 수 있도록 정보가 통제되어야 함. 모든 사람들이 다 본다면 그건 정보로서 가치가 떨어지게 되며, 정보는 비밀스러워야 효과가 있다고 봄
④ 접근효용: 정보를 볼 수 있는 절차가 쉬우면 보안에 문제가 생김. 정보는 접근이 어렵도록 통제되어야 함
⑤ 소유효용: 정보는 많을수록 좋다는 의미임. 정보를 많이 소유할수록 정책판단에 도움이 되는 효용이 발생함

21. ③

•해설• 방첩 수사와 관련 국가보안법 위반 사범은 수사할 수 있으며, 군인·군무원에 대해서 수사하는 과정에서 민간인이 연루되었다면 관련 민간인도 수사할 수 있다.

22. ①

•해설• 정보 목표의 대상에 따라 국내정보와 국외정보로 구분되는데, 오늘날 대부분의 민주국가는 국외정보에 집중하면서 국내정보활동도 병행하고 있다. 국내정보는 주로 반국가세력, 방첩과 대테러와 관련된 정보수집활동이다.

23. ②

•해설• 가설설정은 분석과제와 관련하여 존재할 수 있는 모든 가능성을 고려하여 최대한 많은 가설을 도출한다. 상식적으로 수용할 수 있는 범위를 넘어서는 가설이라도 그 가능성을 열어놓고 일부러 배제해서는 안된다.

24. ③ 학술, 연구기관에 의한 감시나 통제는 존재하지 않는다.

•해설• 정보기관에 대한 통제는 의회와 언론, 행정부(대통령)에 의한 통제만 존재한다.

25. ①

•해설• 의심 메일 수신시 발송자에게 동일 메일로 발송여부를 확인하기 위해 다시 발송하는 것은 매우 위험하다. 발송자를 다른경로를 통해 추적하거나 보안부서에 통보하여 분명하게 조치를 받는다.

2024년도 9급 기출문제 정답 및 해설

1	②	2	①	3	③	4	④
5	③	6	③	7	③	8	④
9	③	10	①	11	②	12	①
13	①	14	①	15	③	16	③
17	②	18	④	19	④	20	③
21	①	22	④	23	②	24	②
25	③						

1. ②
•해설• 세계 각국의 정보기관들은 선진국 모델을 참고했기 때문에 대부분 정보순환과정이 마크 로웬탈의 6단계나 CIA의 5단계처럼 유사하게 운영체계를 지니고 있다. 여기서 CIA의 경우 환류단계가 빠져서 5단계이나 실질적으로 환류과정이 이루어진다.

2. ①
•해설• 공개첩보가 타 출처와 비교하여 첩보의 가치가 떨어지거나 효용성이 떨어진다고 볼 수 없다. 현대의 모든 국가들은 공개첩보 수집을 더 확대해가고 있는 추세이다. 효용성에서 오히려 가치가 있다고 보기 때문이다.

3. ③ 독일의 BfV(연방헌법보호청)는 내무부 소속이다.
•해설• 나머지는 모두 국방부 소속의 정보기관이다.

4. ④
•해설• 장래 소요 증가를 예측하여 예비용으로 여유 있게 생산하면 안된다. 비밀생산은 필요한 배포처만 최소화하여 생산해야 한다.

5. ③
•해설• 초기에는 사이버 범죄, 사이버 간첩 행위, 재산권 도용 등의 단순한 사이버 사건들이 점점 기술과 능력들이 발전하면서 사이버테러나 사이버공격의 조건으로 확대되어 가는 추세이다.

6. ③

해설 에셜론(Echelon) 프로젝트는 미국의 주도하에 영연방 4개국의 비밀감청망으로서 신호정보(SIGINT)중 통신정보(COMMINT)위주의 정보를 수집하는 시스템이다.

7. ③

해설 정보기관이 다른 정부 부처처럼 정책의 입안과 집행 등 정책결정과정을 주관하지 않는다. 정책의 입안과 결정은 정부 부처가 하는 일이며, 정보기관은 이러한 정책결정에 정보를 지원하는 역할을 수행한다.

8. ④

해설 기능적 접근 방법은 정보활동이나 정보가 생산되는 과정에 대해 초점을 두며, 구체적 문제가 아닌 다소 추상적인 문제를 두고 심층적(포괄적이 아님)으로 다룬다.

9. ③ 동 내용은 분기분석기법이 아니라 목표지도작성기법에 대한 설명이다.

해설 목표지도작성기법은 정책을 제안할 때 목표와 정책과의 관계를 도식화하여 목표 달성을 위한 방안을 분석한다.

10. ① 동 질문내용은 정보의 질적 4대요건을 질문하고 있다.

해설 정보의 질적 4대요건은 적합성, 적시성, 정확성, 객관성 4가지이다. 도덕성은 포함하지 않는다.

11. ②

해설 반국가사범 또는 간첩 행위자에 대한 내사 및 보안수사에 관한 내용들은 수사권을 가진 수사기관(방첩사, 국가수사본부, 검찰청 등)의 업무범위에 나와 있다. 방첩업무규정에는 포함되지 않는다.

※ 참고사항(방첩업무규정 제3조, 업무범위)
 1. 외국등의 정보활동에 대한 정보 수집·작성 및 배포
 2. 외국등의 정보활동에 대한 확인·견제 및 차단
 3. 방첩 관련 기법 개발 및 제도 개선
 4. 다른 방첩기관 및 관계기관에 대한 방첩 관련 정보 제공
 5. 제1호, 제2호, 제2호의2, 제3호 및 제4호의 업무와 관련한 국가안보 및 국익을 지키기 위한 활동

12. ①
해설 국방정보국(DIA)은 외국의 군사능력에 관련한 정치·경제·산업·지형에 대한 정보를 수집, 분석하여 국방부 장관, 합참에 보고한다.
※ 1957년 아이젠하워대통령의 지시로 맥나마라 국방장관이 1961년 DIA를 설립함

13. ①
해설 정보의 생산자와 사용자 간의 관계에서 발생하는 일로 정책결정권자의 선호에 맞게 분석보고서를 작성하게 될 경우 정보실패의 위험이 있을 수 있다.
※ 정보실패의 요인은 정보분석관의 오류, 정보조직의 오류, 정보배포상의 오류, 정보소비자설득 실패 요류 등 4가지가 있다. 나머지 선지들은 어느 한 오류가 결정적인 원인이라고 설명하고 있어 적절하지 않다.

14. ① 1941년 일본의 진주만 기습이다.
해설 ※ 일본진주만 기습과 9.11테러가 모두 상대방의 능력이나 취약점을 과소평가하여 비롯된 오류이다. 그러나 9.11테러는 더 중요한 것이 부처이기주의(CIA, FBI)가 정보실패의 주된 요인으로 부각되면서 정보기관을 조정통제하는 ODNI가 탄생하는 계기가 되었다.

15. ③
해설 정보기관의 산업정보활동은 이 업무를 시장의 기능이나 정부 내 타 부처가 담당하는 것보다 정보기관이 담당하는 것이 더욱 효율적이라는 것이 명백한 경우에만 정당성을 가질 수 있다.
※ 정보기관의 산업정보활동의 필요성은 정보기관이 비밀능력을 보유, 첩보수집 및 처리능력 보유, 민간기업이나 정부부처에 비해 전문성을 지닌 업무효율성의 증대 등이 있다.

16. ③
해설 정보기관에 대한 통제를 강화하면 정보활동을 보다 효과적으로 활발하게 수행할 수 있다는 내용은 적절치 않다.

17. ②
해설 배후가 명백히 드러나는 행위로서 활동이나 사실자체에 대해 철저히 비밀을 유지하고 은폐하는 데 중점을 둔다…라는 내용은 적절치 않다. 비밀공작은 배후를 드러나지 않게 비밀로 수행하는 것이 생명이다.

18. ④
해설 일본에 대한 테러 및 파괴 공작 활동을 은밀히 전개하지 않았다. 첩보수집에 중점을 두고 활동하였다.

19. ④
해설 탈레반은 1980년대 아프가니스탄을 침공한 소련에 저항하는 과정에서 결성된 시아파로서 현재 중동지역 전역에서 활동하고 있지 않으며, 2021년 8월 15일 또다시 아프카니스탄 정권을 인수하여 집권하고 있다.

20. ③
해설 정보기관이 정책결정자의 이념과 선호에 따른 구체적인 정책 대안과 집행에 관련된 정보제공은 매우 적절하지 않다.

21. ①
해설 정보분석기구는 정책 입안자를 보조하는 연구부문으로 전혀 보지 않는다. 기회분석학파는 과학적 예측학파에 비하여 정보기관이 정책결정자가 목표달성을 위해서 매우 적극적으로 지원하고 이를 위해 협조해야 한다고 주장한다.

22. ④
해설 정보기관이 정책결정권자에게 매번 최고 수준의 정보를 제공해야 국가안보 목표 달성에 필요한 최선의 정책결정이 산출된다고 하는 것은 적절치 않다. 매번 정보기관이 최고수준의 정보를 제공할 수는 없다. 최고 수준의 정보가 지원되지 않더라도 정책결정권자는 관련된 모든 내용을 종합·판단하여 국가안보목표 달성에 최선을 다해야 한다.

23. ②
해설 가능한 모든 첩보를 수집하고, 모자이크를 구성하듯이 하나의 그림으로 완성하는 분석기법이 여기에 포함된다.
※ 자료형 분석방법은 '모자이크 이론' 이라고도 한다. 주로 기술정보(영상정보, 신호정보, 징후계측정보)옹호론자들이 선호한다.

24. ②
해설 군사기밀의 관리·취급·표시·고지 그 밖에 군사기밀의 보호조치와 군사보호구역의 설정 등에 필요한 사항은 대통령령으로 정한다.

※ 군사기밀보호법 제5조 ③항(군사기밀의 보호조치 등)

　　③ 군사기밀의 관리·취급·표시·고지, 그 밖에 군사기밀의 보호조치와 군사보호구역의 설정 등에 필요한 사항은 대통령령으로 정한다.

25. ③

해설 정부 행정 부처에 대한 보안감사 업무는 포함되지 않는다. 과거에는 국가정보원이 행정부처에 대하여 보안감사를 실시하였으나, 현재는 각 정부부처장관이 자체부서 및 예하 기관에 대하여 보안감사를 실시하고 결과를 국정원에 통보한다.

※ 국가정보원법 제4조(직무) ① 국정원은 다음 각 호의 직무를 수행한다.

1. 다음 각 목에 해당하는 정보의 수집·작성·배포
    가. 국외 및 북한에 관한 정보
    나. 방첩(산업경제정보 유출, 해외연계 경제질서 교란 및 방위산업침해에 대한 방첩을 포함한다), 대테러, 국제범죄조직에 관한 정보
    다. 「형법」 중 내란의 죄, 외환의 죄, 「군형법」 중 반란의 죄, 암호 부정사용의 죄, 「군사기밀 보호법」에 규정된 죄에 관한 정보
    라. 「국가보안법」에 규정된 죄와 관련되고 반국가단체와 연계되거나 연계가 의심되는 안보침해행위에 관한 정보
    마. 국제 및 국가배후 해킹조직 등 사이버안보 및 위성자산 등 안보 관련 우주 정보
2. 국가 기밀(국가의 안전에 대한 중대한 불이익을 피하기 위하여 한정된 인원만이 알 수 있도록 허용되고 다른 국가 또는 집단에 대하여 비밀로 할 사실·물건 또는 지식으로서 국가 기밀로 분류된 사항만을 말한다. 이하 같다)에 속하는 문서·자재·시설·지역 및 국가안전보장에 한정된 국가 기밀을 취급하는 인원에 대한 보안 업무
3. 제1호 및 제2호의 직무수행에 관련된 조치로서 국가안보와 국익에 반하는 북한, 외국 및 외국인·외국단체·초국가행위자 또는 이와 연계된 내국인의 활동을 확인·견제·차단하고, 국민의 안전을 보호하기 위하여 취하는 대응조치
4. 다음 각 목의 기관 대상 사이버공격 및 위협에 대한 예방 및 대응
5. 정보 및 보안 업무의 기획·조정
6. 그 밖에 다른 법률에 따라 국정원의 직무로 규정된 사항군사기밀보호법 제5조 ③항(군사기밀의 보호조치 등)

❋ 주의사항

　본 문제집의 문제는 베스트에듀의 지적재산권이므로 외부에 임의적으로 유출하거나 인터넷에서 불법으로 공유, 무단 복사, 복제하여 사용할 경우에 저작권법 제36조에 저촉될 수 있습니다.

편/저/자/약/력

김민곤 (국제정치학 박사)

현) GWP군무원학원 국가정보학 교수
현) 성결대학교 교양학부 초빙교수
현) 한국국가정보학회 부회장
현) 행정안전부 을지연습·안전한국훈련 중앙평가위원
현) 서울시·안양시·고양시 민방위 기본안보강사
전) 대장부군무원교육원 국가정보학 교수(7년)
전) 협성대학교 초빙교수
전) 삼성그룹 삼성SDI(주) 비상계획관
국방부 국군정보사령부 대령예편(31년)
국군정보사령부 주요부대장·정책부서장·정보분석관
한 미 군사력평가회의(MCC) 한국군사대표단(워싱턴)
국방부·정보사령부 군무원 면접관
국방대학교 합동참모대학(#10기)
경남대학교 대학원 국제정치학 박사(2008)
고려대학교(경제학과), 고려대 정책대학원(정치학석사)
육군3사관학교 제16기·육군소위 임관(1979)

김민곤 국가정보학 Special EX

2025년 1월 1일   1판 인쇄
2025년 1월 5일   1판 발행

편저자	김민곤
발행인	염명숙
발행처	베스트에듀
등 록	제 2014-000012호
주 소	서울시 동작구 노량진동 127-4
T E L	(02) 812-0532 HP 010-3375-2350(문자)
F A X	(02) 812-0516
이메일	ksdbdhl@nate.com

ISBN 979-11-93106-45-7   정가 20,000원

이 책의 무단 전재 또는 복제 행위는 저작권법 제136조에 의거 5년 이하의 징역 또는 5,000만원 이하의 벌금에 처하거나 이를 병과할 수 있습니다.